音楽キャリア発達支援

山本 智子

YAMAMOTO Tomoko

力に気付き
自分らしく
あるために

北樹出版

本書に興味をもって下さったあなたへ

　「人生 100 年時代」といわれる今日、キャリアにかかわる発達をどのように支援するのかを問う重要性が高まっているように思われます。

　「キャリア」という表現は、職業や就職することと関連づけて使われることが少なくないかもしれません。しかしながら、キャリアとは、職業や就職することだけを意味するものではありません。もちろん、職業や就職することも含まれますが、それらを含めて私たちが生きること、そのすべての営みにかかわる表現です。

　では、生きること、そのすべてにかかわる営みとはどのようなものでしょうか。生きることすべてとかかわるものとしてキャリアを捉える上で、どのような視点や知識が役立つでしょうか。あなたはどのように考えますか？

　本書は、この問いを、特に音楽活動にかかわろうとするみなさんと一緒に探究し、ともに発展させることを願って執筆されました。

　音楽活動は私たちの生きる営みに広く深くかかわりますが、災害や感染症などにより生きることそれ自体が問われるような昨今では、改めてその真価が試される局面もあるかもしれません。むしろそのような時にこそ、音楽活動は、生きること、その営みについて私たちに問いかけてくるようにも思うのです。

　本書をとおして、多くの方と、音楽活動にかかわるキャリアについて問い、考え、表現し続けることができますことを願ってやみません。

　　　　　　　　　　　音楽活動にかかわろうとされているあなたとともに……

　2021 年 春

　　　　　　　　　　　　　　　　　　　　　　　　　　　　　　著　者

Contents

目　次

第 1 部

自己理解・職業理解

音楽にかかわる キャリア発達を 支援するために

　みなさんは、「キャリア」という言葉から、どのようなことをイメージしますか。もしかしたら、「職業」や、「就職する」ことなどをイメージするかもしれません。たしかに、キャリアには、「職業」や「就職する」ことが含まれますが、それ以外のことも関係しています。

　本章では、キャリアに関する重要な考え方をふまえたうえで、特に音楽にかかわるキャリアのとらえ方や、特に求められている力は何か、また、キャリアの発達に有効な支援のあり方について考えてみましょう。

Lesson 1 　音楽キャリア発達支援とは

(1) 音楽キャリアとは

　「キャリア」は、経歴や、関連した職務の連鎖などと表現される、時間的持続性ないし継続性をもった概念として理解されることがあります[1]。具体的には、図1−1でみるように、どのような組織でどれくらい働いたのか（職歴）、どのような知識や技能を育ててきたのか（獲得したスキル）がかかわると考えられます。

　さらに、「キャリア」には、人生のあり方そのものがかかわることがあります（人生とのかかわり）。「職業」、「就職する」こともまた、人生のあり方にか

図1−1　「キャリア」の理解

かわることかもしれません。

　これらいくつかの側面のうち、音楽にかかわるキャリアに関しては、特に、人生のあり方そのものと、よりかかわることが指摘されています[2]。音楽にかかわるキャリアを形成するためには、幼い頃から練習を重ね、大学等を卒業するまでに限っても、練習と演奏だけに人生の相当の年月が費やされます。もちろん、音楽にかかわる「キャリア」にも、「職業（音楽家である）」とか、「就職する（音楽家として収入を得ている）」とかいったことが含まれますが、さらに、音楽にかかわるキャリアの場合、人生の多くを音楽とかかわり、ときに人生のすべてを懸けるほどに音楽に取り組むことがあるために、「自分が何者であるのか」と自ら考えたり、自問自答したりすることがあります。また、音楽にかかわるキャリアのなかで、「音楽とどのようにかかわるのか」をとおして、自分自身を見つめ直すこともあるかもしれません。

(2)　キャリア発達とは

　発達とは、個人が時間経過に伴ってその身体的・精神的機能を変えていく過程と定義されており、心理学や教育学では成長と学習を要因として展開されるものと考えられています[3]。具体的には、自らの経験を基にして、周囲の関係に働きかけ、環境との相互作用を通じ、心情、意欲、態度にかかわる新たな能力を獲得する過程として理解する考え方が示されています[4]。また、発達の過程では、相互的な関係において主体性を尊重する支援が必要であると考えられています。

　この考え方をふまえると、キャリア発達とは、一人ひとりの社会的・職業的自立に向け、必要な基盤となる能力や態度にかかわる発達と理解できます[5]。キャリア発達にかかわる能力として示されているのが、文部科学省が示している基礎的・汎用的能力です（後述、表1-1）。基礎的・汎用的能力の具体的内容としては、人間関係形成・社会形成能力、自己理解・自己管理能力、課題対応能力、キャリアプランニング能力が挙げられています。

(3) なぜ音楽キャリア発達支援が必要か

　一方、キャリアやキャリア発達といったときに、自分や人生のあり方といっ
たいわば内在的な側面だけでなく、外在的な側面が伴う場合があります。た
えば、「音楽家になる」、「音楽家になりたい」と考える際に、「食べていけるだ
ろうか」などと心配したり、心配されたりすることがあるかもしれません。

　これらは、音楽の分野に限ったことではありませんが、特に音楽にかかわる
キャリアでは、このような外在的な課題が発達を損ないかねない事態が懸念さ
れることがあります[6]。社会的地位や収入の安定といった課題により、「音楽
に関してもっと成長したい」という動機づけや、「自分にとって音楽を職業に
するとはどういうことなのか」などと探究する機会を確保することが難しくな
る場合があるからです。

　音楽にかかわるキャリアに関して、別の課題も指摘されています[7]。演奏で
の成功以外は、プロの音楽家の業績としてみなされにくい風潮が国際的にある
ことです。音楽にかかわる大学・短大・専門学校などを卒業後に、必ずしも直
接演奏にはかかわらない仕事に就く場合もあるかもしれません。その仕事が
「自分にとってどのような意味をもつのか」、「他者は自分をどうみているのか」
などの問いが、プロの音楽家としての自分の立ち位置を揺さぶり、悪戦苦闘し
続けることにもなりかねないことが懸念されています。たとえば、音楽教師と
いう仕事には、人を育てることをとおして自らも音楽家として成長する側面が
ありますが、このことを見出せずにいる場合には、職業や自己理解についての
発達支援が必要かもしれません。

　音楽にかかわる大学等では、音楽を中心とする専門的なスキルの習得を支援
するために相当の時間が費やされています。このような教育の成果を発展させ
るためにも、音楽にかかわるキャリアに特化した発達支援が重視されつつある
のです。

　このような音楽にかかわるキャリア発達支援においても要請されるのが、主

体性の尊重です。発達に関しては、自らが環境による影響を受けるとともに、自らも環境に働きかける相互的な関係において理解されます[8]。つまり、環境に相互的にかかわる個人の主体性を尊重することが、音楽を含むキャリアの発達を支援するにあたっても重要であると考えられます。このような観点をふまえると、今日のキャリア発達支援では、自分自身についての理解、また自己と他者との関係を理解したうえでのキャリア発達に必要な基本的な知識や技能に関して学ぶ機会が求められているように思われます。

Lesson 2 音楽にかかわるキャリアにおいて求められる力

　では、音楽にかかわるキャリア発達において、具体的にどのような力が有効なのでしょうか。今日、さまざまな職業で通用する汎用的な力である「エンプロイアビリティ（employability：雇用されうる能力）」の形成を支援することが、国際的に要請されています。エンプロイアビリティの範囲は、自己理解、職業理解、仕事の創出にかかわるスキル等、多岐にわたっています。

　日本の学校教育においては、汎用的な力とは、表1-1に示すように、大きく分けて4つの能力であることが示されています。

表1-1　基礎的・汎用的能力（中央教育審議会答申，2011を元に加筆）[9]

4つの能力	内　容	具体例
人間関係形成・社会形成能力	多様な他者の考えや立場を理解し、相手の意見を聴いて自分の考えを正確に伝えることができる。自分の置かれている状況を受け止め、役割を果たしつつ他者と協力・協働して社会に参画し、今後の社会を積極的に形成することができる。	自他を理解する能力、コミュニケーション能力、情報収集・探索能力

4つの能力	内　　容	具体例
自己理解・自己管理能力	自分が「できること」「意義を感じること」「したいこと」について、社会との相互関係を保ちつつ、今後の自分自身の可能性を含めた肯定的な理解に基づき主体的に行動することができる。自らの思考や感情を律し、かつ、今後の成長のために進んで学ぼうとすることができる。	自他を理解する能力、情報収集・探索能力、コミュニケーション能力、意思決定能力、計画実行能力
課題対応能力	仕事をする上での様々な課題を発見・分析し、適切な計画を立ててその課題を処理し、解決することができる。	情報活用能力、課題発見能力、課題解決能力、意思決定能力、計画実行能力
キャリアプランニング能力	「働くこと」の意義を理解し、自らが果たすべき様々な立場や役割との関連を踏まえて「働く」ことを位置付け、多様な生き方に関する様々な情報を適切に取捨選択・活用しながら、自ら主体的に判断しキャリアを形成できる。	職業理解能力、役割把握・認識能力、選択能力、将来設計能力、課題発見能力、課題解決能力、意思決定能力、計画実行能力

　さらに、大学の学部における4年間の課程では、「知識・理解」、「態度・志向性」、「統合的な学習経験と創造的思考力」を学士力として培うことが求められています[10]。学士力には、技能を中心とする表1-2の汎用的な力が含まれることが示されています。

表1-2　「学士力」における汎用的な力（文部科学省, 2008)[11]

コミュニケーション・スキル	日本語と特定の外国語を用いて、読み、書き、聞き、話すことができる。
数量的スキル	自然や社会事象について、シンボルを活用して分析し、理解し、表現することができる。
情報リテラシー	ICTを用いて、多様な情報を収集・分析して適正に判断し、モラルに則って効果的に活用することができる。
論理的思考力	情報や知識を複眼的、論理的に分析し、表現できる。
問題解決力	問題を発見し、解決に必要な情報を収集・分析・整理し、その問題を確実に解決できる。

音楽にかかわるキャリアでは、演奏活動などをとおして大学等を卒業するまでにエンプロイアビリティの形成が期待されるという指摘もあります[12]。

　具体的には、物事を自律的に考える力、集中する力、目標に向かって辛抱強く取り組む力、自己アピール力、チームで働く力、ネットワークを形成する力、複雑な予定を調整する力、緊張や不安をコントロールする力、社交辞令などを含むコミュニケーション能力などが挙げられています[13]。

　これらの汎用的な力は、職業の分野を問わず有用なものといえますが、一方で、自分らしくあり続けるためのスキルであることも指摘されています[14]。

　特に、音楽にかかわる職業や就職では、フリーランスや、アルバイトをしながら音楽活動を続けるなど、キャリア・パス（キャリアを重ねる道筋）が多様で、人それぞれです。音楽にかかわる経済状況、音楽に関連した職業の需要と供給のバランスなどの社会的・経済的な要因による影響も及びます。こうしたことから、さまざまな外在的影響を受けつつも、変わらずに自分らしくあるためのスキルとして、エンプロイアビリティを評価する考え方があるのです。

　このように、音楽にかかわるキャリアにおいて、自分らしくあることにもかかわるエンプロイアビリティの形成に期待が寄せられている一方、重要な課題も指摘されています[15]。それは、エンプロイアビリティについて、理解度や到達度を自ら評価し確認するための機会が、必ずしも用意されていないことです。

　このような課題を解決し、主体性を尊重しつつ、音楽にかかわるキャリア発達を支援するために、音楽活動をとおして形成されつつあるエンプロイアビリティを自分自身で発見するための支援が大切であると考えられるのです。

Lesson 3 本書の願いと構成

　音楽にかかわるキャリア発達支援は、今日非常に重要な課題であると考えられます。音楽にかかわる働き方の選択肢が増えている一方で、社会の変化の加速度も増しています。社会との関係において、生活するために収入を得ることをふまえながら、音楽活動をとおして自分らしくあるためのバランスをいかに保ち続けられるのでしょうか。この問いにかかわり、発達支援の重要性がますます高まっています。

　筆者は、大学1年生から4年生が教養課程において履修する、キャリア発達にかかわる授業を担当しています。音楽にかかわるキャリア発達支援に関する貴重な研究および教育の成果に基づき省察していくなかで、とりわけ重要なことは、支援対象者が自ら気づき、発見し、知り、考え、表現し、そして共有するまでのあらゆる過程において、主体性を発揮することだと考えています。

　また、音楽活動などをとおして形成することが期待されているエンプロイアビリティを、自らの内に、あるいは自他との関係において見出すことをとおし、自分らしくあることを支援したいと願っています。

　これらの願いに基づき、本書では、音楽にかかわるキャリア発達支援においても重視されている要素をふまえ、自己理解および職業理解（第1部）、法と制度の理解（第2部）、ならびに、キャリアプランの過程の理解（第3部）に関して学習します。

　また本書では、これらの願いの実現に少しでも近づけるよう、みなさんが自身で、あるいは他者との関係において、考えたり、共有したりすることを支援する課題を設定しています。課題がどのようなものなのかを経験してもらえるように、まず第1章の課題を右ページに挙げますので、必要に応じて活用してみましょう。

♪ worksheet 1

　キャリアを、生涯にわたる発達との関係において考える理論の一つに、「キャリア・ア
ダプタビリティ」(Mark L. Savickas) があります[16]。キャリアを「選択と意思決定を繰り
返す」過程として理解するこの理論は、「関心」、「統制」、「好奇心」、「自信」に関する以
下の問いをとおして、私たちが自分らしくあることを支援してくれます。

　さて、みなさんは、これらの問いにどのように答えますか？　あるいは、これらの問い
についてどのように考えられるでしょうか。考えた過程や成果を表現してみましょう。

（1）関　心：私にはどのような将来が拓かれているだろうか？

（2）統　制：私の将来に影響を与えるものは何（誰）だろうか？
　　　　　　　私は自分の人生の主人公であるだろうか？

（3）好奇心：私は自分の将来をどうしたいのだろうか？

（4）自　信：自分がこうしたいと考える将来を私は実現できるだろうか？

（解答用紙は巻末3ページ）

註

1) 厚生労働省職業能力開発局「キャリア形成を支援する労働市場政策研究会報告書」2002
年。
2) ドーン・ベネット、アンジェラ・ビーチング、ロジー・パーキンス、グレン・カールー
ザース、ジャニス・ウェラー「音楽、音楽家、キャリア」、ドーン・ベネット編著、久保
田慶一訳著『音大生のキャリア戦略——音楽の世界でこれからを生き抜いてゆく君へ』春
秋社、2018 年、9 頁。
3) 国立教育政策研究所「発達の段階に応じた『基礎的・汎用的能力』の考え方」
https://www.nier.go.jp/shido/centerhp/22career_shiryou/pdf/5-01.pdf (accessed 11
September 2020)

4）文部科学省「子どもの発達段階ごとの特徴と重視すべき課題」2009 年。

5）中央教育審議会「今後の学校におけるキャリア教育・職業教育の在り方について」答申、
　2011 年。

6）ドーン・ベネット編著、久保田慶一訳著、前掲書、18 頁。

7）同上書、13 頁。

8）前掲、文部科学省「子どもの発達段階ごとの特徴と重視すべき課題」。

9）前掲、中央教育審議会答申。

10）文部科学省「各専攻分野を通じて培う『学士力』──学士課程共通の『学習成果』に関
　する参考指針」2008 年。

11）同上。

12）ドーン・ベネット編著、久保田慶一訳著、前掲書、194 頁。

13）同上書、スーザン・トムズ分担稿に基づいて一部を改変した。

14）同上書、久保田慶一分担稿に基づいて一部を改変した。

15）同上書、195 頁。

16）マーク　L. サビカス著、日本キャリア開発研究センター監修・翻訳、乙須敏紀翻訳
　『キャリアの形成とデザイン』福村出版、2015 年に基づいて一部を改変した。

音楽キャリア発達支援と自己理解

　第1章では、キャリア発達におけるキャリアには、職歴やスキルだけでなく人生そのものにかかわる側面があることを確認しました。

　音楽に関連するキャリアにおいては、幼い頃から練習や演奏に相当の時間を費やすなど、人生の多くの場面で音楽にふれることなどから、音楽との関係において自分を考えることが多いかもしれません。また直接演奏にたずさわらない仕事に就くような場合でも、音楽家として成長していることを見出すために自己理解が必要なこともあります。

　本章では、幾つかの考え方に基づいて、自分自身を理解する方法についてみていきます。

Lesson 1　「能力」に基づいた自己理解

　自己理解とは、これまでの経験を振り返り、客観的に自分を見つめ直してみることと考えられています[1]。自己理解は、他者や環境との相互的な関係において進みます。これらの関係は絶えず変化しうるため、その時々に応じて自己理解も変わる可能性があります。キャリア発達との関係において、自己理解は、職業理解とともに、欠かせない課題のひとつです。

　自己理解の方法として、まず「能力」に基づく考え方があります。キャリア発達にかかわる多様な能力を養成する役割を果たすことに期待されているのが、キャリア教育です。

　2013年に閣議決定された「第2期教育振興基本計画」には、社会を生き抜く力を養成するために、幼児期の教育から高等教育まで各学校段階を通じた体系的・系統的なキャリア教育を充実することや、特に、高等学校普通科におけるキャリア教育を推進することが特記されました。

　今日、高等学校の学習指導要領では、キャリア教育を推進するために、「地域や学校の実態、生徒の特性、進路等を考慮し、地域や産業界等との連携を図

り、産業現場等における長期間の実習を取り入れるなど就業体験の機会を積極的に設ける」とともに、「地域や産業界の人々の協力を積極的に得るよう配慮する」ものとされています（第1章総則第2款）[2]。「生徒が自己の在り方や生き方を考え、主体的に進路を選択することができる」よう、「学校の教育活動全体を通じて、計画的、組織的な進路指導を行う」ことにより、キャリア教育が推進されています（第1章総則第5款）。

そして、大学においては、大学設置基準にみるように、「それぞれの大学および学部等の教育上の目的に応じ、学生が卒業後自らの資質を向上させ、社会的および職業的自立を図るために必要な能力を教育課程の実施および厚生補導を通じて培う」ことができますよう、「大学内の組織間の有機的な連関を図り、適切な体制を整える」ものとされています（中央教育審議会「大学設置基準の改正の考え方」平成21年）[3]。

キャリア教育による養成が期待されてきた代表的な能力を、年代順に表2－1に挙げます。

表2－1 キャリア教育による養成が期待されてきた代表的な能力

年	省 庁	期待される力	内 容
2003	内閣府	**人間力**	知的能力的要素 社会・対人関係力的要素 自己制御的要素
2004	厚生労働省	**就職基礎能力**	コミュニケーション能力 職業人意識 基礎学力 資格取得 ビジネスマナー
2006	経済産業省	**社会人基礎力**	アクション シンキング チームワーク
2008	文部科学省	**生きる力**	確かな学力 豊かな心 健やかな体

Lesson 2 「能力」と「パーソナリティ」に基づいた自己理解

キャリア発達に関しては、「能力」に加え、その人らしさにかかわる「パーソナリティ」に基づいて自己理解を深める考え方があります。パーソナリティ（性格、人格）とは、心理学では、人の心理や行動にかかわるその人特有の傾向、いわゆるその人らしさと考えられています[4]。「能力」と「パーソナリティ」に基づく自己理解に関する基本的な理論として、今日も評価されているのが、表2−2に示す、スーパー（Super, D. E.）による考え方です。

表2−2　スーパーの能力およびパーソナリティに基づいた自己理解
(全米キャリア発達学会．2013)[5]

能力（ability）	適性（aptitude）にかかわる能力
	技量（proficiency）にかかわる能力
パーソナリティ	どのように適応（adjustment）するか
	どのような価値観（value）をもつか
	どのような興味（interest）をもつか
	どのような態度（attitude）で取り組むか

スーパーは、キャリアにかかわる自己理解について、「能力」とともに、「パーソナリティ」に基づいて支援する必要があると考えました。まず注目したいのは、「パーソナリティ」を含めて自己理解を考えようとした点です。スーパーの考え方では、状況や環境にどのように適応する傾向があるか、どのような価値観をもつ傾向があるか、どのような興味をもつ傾向があるか、そして、どのような態度で取り組む傾向があるかが問われています。

また、スーパーの自己理解にかかわる考え方には、前者の「能力」に関しても注目される点があります。「能力」を、適性にかかわる力と、技量にかかわる力に分けて考えていることです。そして、特に「適性」にかかわる力には、

可能性が含まれていることに注目できます。スーパーによる指摘に基づけば、「能力」に関しては、獲得された力だけでなく、潜在的な力を含めて考える必要があるようです。

　実際に、キャリア発達支援においては、自己理解を深める視点として潜在的な力を含める考え方があります。自己理解にかかわる潜在的な力として挙げられているのが知的・言語・数理・書記的知覚、空間判断力・形態知覚・運動共応、指先の器用さ、手腕の器用さの9つの特性です[6]。

　みなさんは、能力として評価されるこれらの9つの特性を、音楽活動をとおして、すでに獲得していたり、潜在的にもっていたりするかもしれません。

Lesson 3　集団との関係における自己理解

　ここまで、個人の内部を検討することで自己理解を進める考え方についてみてきました。一方で、組織などの集団との関係において自己理解を図ろうとする考え方もあります。このような考え方として評価されているのが、「キャリア・アンカー」という概念を表明したシャイン（Schein, E. H.）です[7]。

　キャリア・アンカーとは、キャリアを選択する際、自分にとって最も大切で、どうしても犠牲にしたくない価値観や欲求、動機、能力などを指します[8]。シャインは、個人のキャリアを船に見立て、組織との関係において、これをつなぎとめるアンカー（錨）に注目し、最終的に以下に示す8つに分類しました。あなたは、これら8つのうち、どれを特に大切に思いますか。

(1) **専門・職業別コンピテンス**：自分の専門性や技術が高まること
(2) **全般管理コンピテンス**：組織の中で責任ある役割を担うこと
(3) **自律・独立**：自分で独立すること
(4) **保障・安定**：安定的に1つの組織に属すること
(5) **起業家的創造性**：クリエイティブに新しいことを生み出すこと
(6) **奉仕・社会貢献**：社会をよくしたり他人に奉仕したりすること

（7）**純粋な挑戦**：解決困難な問題に挑戦すること

（8）**生活様式**：個人的な欲求と、家族、仕事とのバランスを調整すること

　このように、シャインは、個人が組織内にそれぞれ見出すキャリアにかかわる「アンカー」に基づいて、自己理解に関して考えたり、支援したりする必要があることを示しました。

♪ *worksheet 2*

　第2章でも、みなさんと考えてみましょう。以下の問いを基に、自己理解について考えた過程や成果を表現してみましょう。

（1）シャインはキャリアをつなぎとめるアンカーとして前掲の8つを挙げました。それでは、音楽活動にかかわるキャリアではいかがでしょうか。みなさんはどのようなアンカーにつなぎとめられそうでしょうか。また、他に考えられる「アンカー」はありますか。

（2）音楽にかかわるキャリアにおいて「自分の専門性や技術が高まる」とは、みなさんにとってどのようなことになりそうでしょうか。たとえば「写譜」ではどうでしょうか。また、オーケストラにおける演奏とバンドにおける演奏では、違いがありそうでしょうか。

（解答用紙は巻末5ページ）

註

1）厚生労働省「自己理解、仕事理解」
　https://jobcard.mhlw.go.jp/comprehension.html(accessed 25 August 2020)
2）文部科学省「高等学校学習指導要領（平成30年告示）総則編」2019年。
3）文部科学省「大学における社会的・職業的自立に関する指導等（キャリアガイダンス）の実施について（審議経過概要）」
　https://www.mext.go.jp/b_menu/shingi/chukyo/chukyo4/houkoku/1288248.htm

(accessed 11 September 2020)

4）国立研究開発法人国立長寿医療研究センター「パーソナリティと認知機能」
https://www.ncgg.go.jp/cgss/department/ep/topics/topics_edit32.html (accessed 12 September 2020)

5）全米キャリア発達学会著、仙﨑武・下村英雄翻訳『D・E・スーパーの生涯と理論』図書文化社、2013 年に基づいて一部を改変した。

6）一般社団法人日本産業カウンセラー協会『キャリアコンサルタント──その理論と実務』一般社団法人日本産業カウンセラー協会、2018 年、144−145 頁。

7）独立行政法人労働政策研究・研修機構編『新時代のキャリアコンサルティング──キャリア理論・カウンセリング理論の現在と未来』独立行政法人労働政策研究・研修機構、2018 年、92 頁。

8）厚生労働省「各属性の技法」https://www.mhlw.go.jp/file/06-Seisakujouhou-11800000- Shokugyounouryokukaihatsukyoku/0000199635.pdf (accessed 03 August 2020)

音楽キャリア発達支援と職業理解

　第1章でみたように、キャリア発達において「キャリア」は、職歴やスキルにかかわるだけでなく、人生そのものにかかわるものとして理解されています。前章までの内容では、人生にかかわることを含めてとらえ、主に自己理解の重要性と方法について学びました。

　本章では、主に職業にフォーカスし、職業を理解する視点、方法について学びます。

Lesson 1　職業の理解

　音楽活動にかかわろうとするみなさんは、自身に求められる専門性や、専門性をさらに高める機会があるかといった視点に基づいて、職業を理解しようとするかもしれません。そのような自身の興味・関心を大切にしながらも、より多様な観点から職業に関して知ったり考えたりすることも有益です。

　音楽活動にかかわる職業には、たとえば、演奏、バンド演奏、コマーシャルに特化した作曲、写譜、雑誌投稿、音楽辞典編纂、教育活動や、音楽研究などが挙げられています[1]。音楽活動にかかわるこうした職業やその調べ方を理解することは大切なことだと思われます。音楽活動にかかわりたいみなさんは、自身でも職業や調べ方を理解しようと取り組んできたのではないでしょうか。

　職業理解では、職業とはどのようなものかを理解する必要があります。そのために必要な情報として挙げられているのが、以下の14項目です[2]。これらの項目は、職業を理解する上でまず調べるとよい情報であり、キャリア発達にかかわる支援に長年にわたって取り組んできた著者によって示された貴重な知見です。音楽にかかわるキャリア発達においても、職業を理解するための重要な手がかりになるものと思われます。

（1）仕事の**責任**と**内容**：仕事はどのような内容でどのような責任を伴うか。
　　　演奏などに直接かかわるのか、音楽制作や流通などにかかわる責任の有
　　　無や程度等。

(2) **作業環境と条件**：どのような環境でどのような条件を伴って作業するのか。屋内での作業が中心か、作業や健康にかかわる管理が整備されているか等。

(3) 従事者の**資格・要件**：どのような資格や要件が必要か。音楽教育等にかかわる教諭免許状、音楽療法士等の資格の取得が必要等。

(4) **社会的・心理的要因**：社会的・心理的に考慮しておく事柄があるか。支援を得られる環境であるか、相談しやすいか等。

(5) **入職のための必要条件**：仕事を始めるために必要な条件があるか。必要な経験やスキルの有無や程度等。

(6) その他の特別な必要条件：その他に必要な特別な条件はあるか。それはどのような内容か。

(7) 入職の**方法**：どのような方法で仕事を始めるのか。仕事を始めるために必要な手続きや準備の内容等。

(8) **賃金**その他の手当：どのような賃金や手当を得られそうか。どのような条件によるか。

(9) **昇進**の可能性：どのような基準で昇進・昇格するか。昇進・昇格する可能性はあるか。

(10) **雇用**の見通し：雇用にかかわる見通しはどうか。雇用にかかわる環境や動向、制度の内容等。

(11) **経験や探索の機会**：どのような経験・探索の機会を得られそうか。それはどの程度得られそうか。

(12) **関連産業**：関連する産業にはどのようなものがあるか。音楽制作や流通にかかわる関連産業との関係や内容等。

(13) **教育・訓練の資源**：教育・訓練を得る機会があるか。研修などの制度の有無等。

(14) **追加情報の資源**：追加情報を得ることができるか。追加情報はどのように得られるか。

Lesson 2 産業の理解

　職業を理解するうえで、その職業がどのような産業に分類されるのか、また各産業の関係や、社会全体における産業構造などについて、よりマクロな視点をもつことも有意義といえます。

　厚生労働省は、以下の表3−1の大分類にみるように、仕事の内容や仕事を遂行するのに必要な知識や技術などが類似しているといった基準に基づいて、職業を大きく11に分類しています。表3−1の小分類では、特に音楽とのかかわりがわかりやすいように思われる職業分類を、太字で示しました。

表3−1　職業分類 (厚生労働省編，2011)[3]

大分類	中分類	小分類
管理的職業	管理的公務員 法人・団体の役員 法人・団体の管理職員 その他の管理的職業	
専門的・技術的職業	研究者 農林水産技術者 開発技術者 製造技術者 建築・土木・測量技術者 情報処理・通信技術者 その他の技術者 医師、歯科医師、獣医師、薬剤師 保健師、助産師、看護師 医療技術者 その他の保健医療の職業	**人文科学研究者**等

大分類	中分類	小分類
専門的・技術的職業	社会福祉の専門的職業	**福祉施設指導専門員** （児童養護施設の児童指導員等）、 保育士等
	法務の職業	
	経営・金融・保険の専門的職業	
	教育の職業	**幼稚園教員、小学校教員、中学校教員、高等学校教員、中等教育学校教員、特別支援学校教員、高等専門学校教員、大学教員**、その他の教育の職業
	宗教家	
	著述家、記者、編集者	**著述家**（作詞家、**翻訳者**等）、**記者**（雑誌記者等）、**編集者**（雑誌編集者等）
	美術家、デザイナー、写真家、映像撮影者	**デザイナー**（Web デザイナー等）
	音楽家、舞台芸術家	**音楽家**（演奏家、歌手、作曲家、指揮者、邦楽師等）、**舞踊家、俳優、プロデューサー、演出家 演芸家**
	その他の専門的職業	**学芸員** **個人教師**（音楽教室講師、舞踊教師等） その他に分類されない専門的職業（**調律師**等）
事務的職業	一般事務の職業	企画・調査事務員 （**イベントプランナー、営業企画係、商品企画事務員、商品開発部員**等）
	会計事務の職業	その他の会計事務の職業 （**予算係員、予算事務員、用土係事務員**等）
	生産関連事務の職業	
	営業・販売関連事務の職業	営業・販売事務員 （**営業事務員、貿易事務員**等）

大分類	中分類	小分類
事務的職業	外勤事務の職業 運輸・郵便事務の職業 事務用機器操作の職業	
販売の職業	商品販売の職業 販売類似の職業 営業の職業	小売店販売員 (**楽器販売店員**等)
サービスの職業	家庭生活支援サービスの職業	その他の家庭生活支援サービスの職業 (**チャイルドシッター、ベビーシッター、乳幼児世話人**等)
	介護サービスの職業	**施設介護員**、(**ケアワーカー、介護サービス員**等) **訪問介護職** (**在宅ケアワーカー、訪問介護サービス員**等)
	保健医療サービスの職業 生活衛生サービスの職業 飲食物調理の職業 接客・給仕の職業 居住施設・ビル等の管理の職業 その他のサービスの職業	他に分類されないサービスの職業 (**学童保育指導員、児童館の児童指導員、家庭保育員、保育補助者、保育ママ**等)
保安の職業	自衛官 司法警察職員 その他の保安の職業	
農林漁業の職業	農業の職業 林業の職業 漁業の職業	

大分類	中分類	小分類
生産工程の職業	生産設備制御・監視の職業 金属材料製造、金属加工、金属溶接・溶断の職業 製品製造・加工処理の職業	その他の製品製造・加工処理の職業 （**楽器組立工、ピアノ組立工、バイオリン製造工**等）
	機械組立の職業	民生用電子・電気機器具組立工 （**音響機器組立工**等）
	機械整備・修理の職業 製品検査の職業 機械検査の職業 生産関連・生産類似の職業	他に分類されない生産関連・生産類似の職業 （**舞台音響係、舞台・撮影所照明係**等）
輸送・機械運転の職業	鉄道運転の職業 自動車運転の職業 船舶・航空機運転の職業 その他の輸送の職業 定置・建設機械運転の職業	
建設・採掘の職業	建設躯体工事の職業 建設の職業 電気工事の職業 土木の職業 採掘の職業	
運搬・清掃・包装等の職業	運搬の職業 清掃の職業 包装の職業 その他の運搬・清掃・包装等の職業	

この厚生労働省による職業分類に基づくと、音楽にかかわる職業は、直接関係すると思われるものに限っても、専門的・技術的職業の多様な範囲にわたるとともに、その他の職業にも広く及んでいることを確認することができます。

　また、この職業分類に基づくと、保育士などの社会福祉の専門的職業、教員などの教育の職業、作詞家などの著述家、記者、編集者、そして、その他の専門的職業である音楽教室講師、舞踊教師、調律師などは、音楽家や舞台芸術家と同様に、専門的・技術的職業に位置づけられていることがわかります。

　さらに、この職業分類は、新たな職業や人生にかかわる役割を見出すことに活用できるかもしれません。たとえば、チャイルドシッターなどの家庭生活支援サービスの職業、あるいは、施設介護員や訪問介護職などの介護サービスの職業において、音楽家などとしての専門性やスキルを活用して仕事を遂行する場合、サービスの職業と専門的・技術的職業にかかわる職業や役割の創出に貢献しているかもしれません。

　このように考えてみると、産業に基づいて職業を理解しようとする過程では、どのような職業がすでにあるのかを理解するだけでなく、どのような職業がまだないのかに気づいたり、あるいは、ある職業や分野と別のものとを組み合わせることで新たに見出される可能性を発見したりすることができるかもしれません。また、音楽活動にかかわろうとしているみなさんのなかには起業することを考えている人もいるでしょうから、自分がどのようなことに挑戦したいのかを探究するヒントとして活用できるようにも思われます。

　本章で挙げた小分類は、先に述べたように、音楽とのかかわりがわかりやすい職業を中心に挙げたものです。さらに後掲の註３）などを参考に、小分類全体を含めて職業分類を確認すると、自分の職歴やスキル、人生とのかかわりをふまえた職業や役割を発見する機会としても役立つかもしれません。

　以上のように、職業分類などに基づいて職業理解を進めてみると、演奏、歌唱、作曲や指揮等にかかわる音楽家という職業は、専門性やスキルを必要とする専門的・技術的職業として位置づけられていることを確認することができます。同様に、保育士や教員、記者や編集者、あるいは、音楽教室講師などのよ

うに、必ずしも直接演奏などにかかわらない仕事もまた、専門的・技術的職業として、音楽家と共通するところを含む、専門性やスキルを必要とする職業であることがわかります。

さらに、音楽にかかわる専門性やスキルは、事務的職業、販売の職業、サービスの職業、そして、生産工程の職業等の多様な職業にわたって、必要とされる可能性のあることに気づくことができたように思われます。これから新たに見出される職業や役割を含めて、音楽にかかわる専門性やスキルは、より広範囲にわたる職業や役割に活用されることが期待されているように思われます。

Lesson 3 　事業所の理解

(1)　就職を前提とした事業所の理解

音楽にかかわるキャリアに興味・関心をもつみなさんのなかにも、まず就職したい、と希望する人がいるかもしれません。就職とは、特定の企業・組織などとの間で、雇用契約（労働契約）を結ぶことを意味します。そのため、就職する際には、企業・組織（事業所）について理解することが重要です。

事業所の理解にあたっては、どのような業種にかかわる事業所なのかを知る必要があるでしょう。同様の業種のように思われる場合でも、職務に求められる専門性や内容が異なるかもしれません。音楽にかかわる自己の専門性やスキル、人生とのかかわりなどを業種の理解に役立ててもよいでしょう。業界などでの評価を参考にして業種を理解することもあるかもしれません。

事業所の形態や規模に注目することも、事業所の理解においては重要かもしれません。公務に従事したいのか、民間の企業や団体を希望するのか、あるいは、大規模な組織を好むのか、中小規模がよいのかを重視する場合もあるでしょう。事業所の形態や規模については、市場や雇用にかかわる情報などもふ

まえ、将来性や成長にかかわる期待を含めて注目することがあるかもしれません。

また、勤務または勤務する可能性のある事業所の地域や範囲について確認しておく必要もあるかもしれません。地元や近隣に限った事業所、あるいは、海外の事業所での就職が可能かといったことを重視する場合もあるでしょう。

さらに、勤務時間、休暇、雇用などにかかわる勤務の形態から事業所を理解することもできるでしょう。社会保険、財産の形成や健康支援などにかかわる福利厚生の内容や範囲を含めることもあるかもしれません。賃金や昇給・昇格にかかわることなど経済的条件を重視する場合もあるでしょう。

(2) 創業・ベンチャー支援制度の理解

以上のような事業所との関係に基づいた職業理解については、起業する場合、あるいは、起業して従業員を雇用する立場になった場合にも必要になるかもしれません。どのような事業所でありたいか考えることをとおしても、起業にかかわる自身の職業理解がいかなるものであるかを確認することができるでしょう。

さらに、起業する場合には、助成などの支援にかかわる情報も有益です。

代表的な支援制度として挙げられるのが、中小企業庁が実施している、創業・ベンチャー支援です[4]。起業には、販売計画、売上予測、仕入れ計画、資金計画、許認可・登記・事業主体の確認などにわたる情報が必要になることがあります。創業・ベンチャー支援制度には、資金調達や上記内容に関する情報提供が挙げられます。また、市区町村と民間事業者が地域における創業を支援する体制を整備するための支援も行われています。

これらのうち、資金調達に関しては、2018年に施行された、改正産業競争力強化法に基づいた創業支援等事業補助金という制度があります。創業支援等事業者補助金は、市区町村と連携した民間の支援事業者等が行う、創業支援に関する取り組みを補助するものです。この補助金が適用されると、創業を希望

する場合に、市区町村と民間事業者等が連携して実施する特定創業支援等事業をとおして、経営・財務・人材育成・販路開拓にわたる知識の習得などに関して継続的な支援を得ることができます。

　支援や制度については、地方公共団体などによる地域に独自の支援もあります。特に起業に関しては、職業理解として支援や助成についても理解しておくとよいでしょう。

　なお、職業理解について、大学などではキャリアセンターやキャリア教育にかかわる授業などをとおした支援が得られるでしょう。民間会社の就職情報サイトに登録する人も少なくないでしょう。ハローワーク（公共職業安定所）、産業雇用安定センター、ポリテクセンター、有料人材紹介会社、請負会社、人材派遣会社等が提供している情報を活用することもあるかもしれません。

　近年、多くの事業所では、社員のための健康支援などのように、企業価値を高める多様な活動が実践されつつあります。事業所との関係に基づいた職業理解においては、実際にどのようなことに取り組んでいるかを、事業所ごとに、自分自身で丁寧に確認することが大切です。

♪ *worksheet 3*

　第3章では、職業、産業、事業所との関係を中心に、職業理解に役立てられる幾つか
の考え方を学習してきました。学習した成果などに基づいて、以下の問いについて考えて
みましょう。まず、自分の考えを確認し、考えた過程や成果を表現してみましょう。その
うえで、報告しあい、自他の考えを共有する過程において、職業理解にかかわる自分の考
えを深めてみましょう。

　（1）職業を理解するために、どの考え方が役に立ちそうですか。なぜそのように考え
たのでしょうか。

　（2）それぞれの考え方において、どの情報が大切であると考えましたか。それはなぜ
でしょうか。

（解答用紙は巻末7ページ）

註

1）ドーン・ベネット、アンジェラ・ビーチング、ロジー・パーキンス、グレン・カールー
　ザース、ジャニス・ウェラー「音楽、音楽家、キャリア」、ドーン・ベネット編著、　久保
　田慶一訳著『音大生のキャリア戦略——音楽の世界でこれからを生き抜いてゆく君へ』春
　秋社、2018年、10頁。
2）木村周『キャリアコンサルティング理論と実際（5訂版）』一般社団法人雇用問題研究会、
　2018年、89-90頁に基づいて一部を改変した。
3）厚生労働省編「職業分類」（平成23年改定）に基づいて一部を改変した。
　https://www.hellowork.mhlw.go.jp/info/mhlw_job_dictionary.html (accessed 03 June 2020)
4）中小企業庁「経営サポート　創業・ベンチャー支援」
　https://www.chusho.meti.go.jp/keiei/chiiki/index.html (accessed 04 June 2020)

自己の理解を深め、
共有する

Introduction

　第2章および第3章において、自己理解、そして、職業理解に関して、考えたり、考えを共有したりしてきました。考えたり、考えを共有したりする過程で、自分がもっていると思われる力や、これが自分らしさだと思われることが変わったと感じた人がいるかもしれません。自分についての捉え方は、他者などとの関係において変わることがあります。

　ここまでの、音楽キャリア発達支援にかかわる学習をふまえて、改めて自分に関して考えたり、確認したりしてみましょう。また、自分に関して考えたり確認したりしたことを、他者と共有することをとおして、改めて問い直してみましょう。

　以下に、3つの課題を用意しました。最初の2つは、職業・働くこと全般にかかわる問いです。そして残りの1つは、第1章でも挙げた音楽キャリアにかかわる力に関する問いです。最後にもう1つ、授業をとおして作った課題や自分で作った課題について考えることができるよう、空白の欄を設けていますので、必要に応じて活用してください。

♪ *exercise 1*

　（1）あなたは、職業・働くことに関して、どのようなことに最も興味・関心をもっているでしょうか。以下の4つの問いについて考えながら、自分が最も興味・関心をもっていることを確認してみてください。

　① 達成感をもてるか？

　② 人間関係がよいか？

　③ 長く安定して働けるか？

　④ 収入はよいか？

　（2）あなたは、職業、産業、事業所などを選ぶとき、どのようなことを最も重視しますか？　以下の4つの問いについて考えながら、自分が最も重視することを確認してみてください。

① 自分の能力・個性を生かせるか？

② 仕事は面白いか？

③ 必要なスキルを身につけられるか？

④ 将来性があるか？

（3）音楽キャリアにかかわるあなたの強みは何でしょうか？　①～⑨に挙げられている力について考えながら、音楽キャリアにかかわる自分の強みを確認してみてください。

① 物事を自分で考えて進める力

② 物事に集中する力

③ 目標に向かって根気よく取り組む力

④ 自分を効果的にアピールする力

⑤ チームで協力して働く力

⑥ ネットワークを築き育てる力

⑦ 日程や段取り等を調整する力

⑧ 緊張や不安をコントロールする力

⑨ 関係を円滑に保つコミュニケーション能力

（4）

①

②

③

④

・

・

・

（解答用紙は巻末9ページ）

第2部

音楽キャリアにかかわる法と制度

音楽キャリア発達支援と法

Introduction

　これまでの章でみてきたように、音楽にかかわるキャリア発達においても、職業・産業の構造や、自分自身の興味・関心について理解しておくことが必要です。

　加えて、労働や、音楽に関連する活動に関係する、さまざまな法律や制度について理解しておくことも有益です。キャリアに関連して、今日どのような権利が法的に護られており、またどのような責務を果たすことが求められているのでしょうか。第4章では、職業・働くことにかかわる、法や制度の理解を深めたいと思います。

Lesson 1　労働にかかわる法律の体系と効力

(1)　労働にかかわる法律の体系

　音楽にかかわるキャリア発達支援においては、音楽との関係において特に重要と思われる法律についても理解しておくことが大切です。

　音楽活動にかかわるみなさんにとって親しみのある法律といえば、音楽著作権法でしょうか。音楽著作権法では、いわゆる盗作（原曲の複製権侵害）や、著作権の保護期間などに関して留意する必要があることが指摘されています[1]。

　とはいえ、音楽にかかわるみなさんにとっては、音楽著作権法などに関して学習したり、注意を喚起されたりする機会には比較的恵まれているように思います。学内外での多様な経験の過程で、その重要性を意識することが少なくないでしょう。

　一方、職業や働くことに直接的にかかわる法律の理解についてはいかがでしょうか。アルバイトなどにかかわる学生からの相談に応じていると、そうした事柄の理解についても支援される必要があるのではないかと考えることがあります。

職業や働くことに直接的にかかわる法律について理解するために、まず、どのような法律があるかを確認してみましょう。

　キャリア発達にかかわる労働に関する法律は、以下のように体系化されています。

表4-1　労働にかかわる法律の体系（木村，2018）[2]

雇用・労働市場に関する法律	・雇用対策法	「労働者の**職業の安定**と経済的社会的地位の向上を図るとともに、**経済および社会の発展ならびに完全雇用の達成**に資することを目的とする」（第1条）
	・職業安定法	「各人にその有する能力に適合する職業に就く機会を与え、産業に必要な労働力を充足し、もって**職業の安定**を図るとともに、経済および社会の発展に寄与することを目的とする」（第1条）
	・職業能力開発促進法	「職業に必要な**労働者の能力を開発**し、および向上させることを促進し、もって職業の安定と**労働者の地位の向**上を図るとともに、**経済および社会の発展に寄与する**ことを目的とする」（第1条）
	・雇用保険法	「労働者の生活および雇用の安定を図るとともに、求職活動を容易にする等その就職を促進し、あわせて労働者の職業の安定に資するため、**失業の予防、雇用状態の是正および雇用機会の増大、労働者の能力の開発および向**上その他**労働者の福祉の増進**を図ることを目的とする」（第1条）
	・労働者派遣法　　　　　　等	「労働力の需給の適正な調整を図るため労働者派遣事業の適正な運営の確保に関する措置を講ずるとともに、派遣労働者の保護等を図り、もって**派遣労働者の雇用の安**定その他福祉の増進に資することを目的とする」（第1条）
労働条件に関する法律	・労働基準法 ・労働安全衛生法	「**労働条件**に関する**最低基準**を定める」（第1条） 「職場における**労働者の安全と健康を確保**するとともに、**快適な職場環境の形成を促進**することを目的とする」（第1条）

労働条件に関する法律	・最低賃金法	「**労働条件の改善**を図り、もって労働者の生活の安定、労働力の質的向上および事業の公正な競争の確保に資するとともに、国民経済の健全な発展に寄与することを目的とする」（第1条）
	・労働者災害補償法	「業務上の事由又は通勤による労働者の負傷、疾病、障害、死亡等に対して迅速かつ公正な保護をするため、**必要な保険給付**を行い、あわせて業務上の事由又は通勤により負傷し、または疾病にかかった労働者の**社会復帰の促進**、当該労働者およびその遺族の**援護**、**労働者の安全および衛生の確保**等を図り、もって**労働者の福祉の増進に寄与**することを目的とする」（第1条）
	・男女雇用機会均等法（雇用の分野における男女の均等な機会及び待遇の確保等に関する法律）　　　等	「法の下の平等を保障する日本国憲法の理念にのっとり、**雇用の分野における男女の均等な機会および待遇の確保を図る**とともに、女性労働者の就業に関して**妊娠中および出産後の健康の確保を図る**等の措置を推進することを目的とする」（第1条）
労使関係に関する法律	・労働組合法	「**労働者の地位を向上**させること、労働者がその労働条件について交渉するために自ら代表者を選出することその他の団体行動を行うために**自主的に労働組合を組織し**、**団結することを擁護**すること、ならびに、使用者と労働者との関係を規制する労働協約を締結するための**団体交渉をすること**およびその**手続を助成**することを目的とする」（第1条）
	・労働関係調整法　　　　　　　等	「**労働関係の公正な調整**を図り、労働争議を予防し、または解決して、産業の平和を維持し、もって経済の興隆に寄与することを目的とする」（第1条）

　以上の労働に関する法律の体系のうち、すべての労働者に直接かかわる法律としては、特に労働基準法が挙げられます[3]。同法では、労働条件の最低基準が包括的に定められています。

(2) 労働にかかわる法律の効力

　労働にかかわる法律には、効力の強さに違いがあります。労働にかかわる法律は、効力の強い順に、以下のように分類されています[4]。

(1) 強行法規（命令）：

　　当事者の合意やその内容にかかわらず、当事者を規律する性格をもつ法規範。

　　労働基準法第13条（この法律違反の契約。法律違反の契約を無効とする規定）、最低賃金法、男女雇用期間均等法、民法第1条3項（権利の濫用）、民法第90条（公序良俗）、さらに、裁判所が示す判例や法規等が挙げられている。

(2) 労働協約：

　　労働組合法に定めがある[5]。

　　労働組合と使用者またはその団体との間の約束のことをいい、双方の記名押印等がある書面で作成された場合に効力が発生する。労働契約に定める労働条件等に違反する就業規則や労働契約は、その部分が法的に無効とされる。

(3) 就業規則：

　　職場規律や労働条件について使用者が定める規則の総称。

　　実際の就業において非常に重要な役割を果たす。

(4) 労働契約：

　　個々の労働者と使用者の間の労働契約（雇用契約）に基づくもの。

　　賃金、労働時間、勤務場所等にかかわる。

　なお、起業にあたっては、労働に関する法律に加えて、①会社にかかわる法律、②事業にかかわる法律、③知的財産にかかわる法律、さらに、④社会の変化に応じて改定されたり新たに制定されたりする法律や制度にかかわる動向、

⑤地域ごとに制定された制度などについての理解が必要になるでしょう。

　① 会社にかかわる法律には、会社の経営にかかわる会社法などがあります。会社法は、会社をつくったり、会社の役員や株主などを定めたりすることにかかわります。

　② 事業にかかわる法律としては、特定商取引法などが挙げられます。特定商取引法では、事業者が利用者の擁護のために遵守する必要のあるルールが定められています。

　③ 知的財産にかかわる法律には、音楽著作権などにかかわる著作権法が含まれます。また、自社とよく似た商品名や商品のデザインなどが使用された場合、商標権に基づいて、使用の差し止めが認められることがあります。

　④ 社会の変化に応じて改正されたり新たに制定されたりする法律や制度として挙げられるのは、2020 年 3 月に改正された新型インフルエンザ等対策特別措置法などです。改正された新型インフルエンザ等対策特別措置法では、新型コロナウイルス感染症（COVID-19）などの予防や、対策に協力するよう努めるとともに、事業の実施に関し適切な措置を講ずるよう努めなければならないことが事業者などの責務として定められました。

　⑤ 地域ごとに制定された制度などとしては、都道府県等や市町村などが独自に定める条例などが挙げられます。

　また、事業所などに雇用されないフリーランスの働き方は、原則として、労働者の保護にかかわる労働基準法などに基づいて保護されないことにも留意しておきましょう。

　雇用元に制約されない自由な働き方で、能力や才能を活かして相当の収入を得ることができるフリーランスには魅力的な面があるように思われます。一方、新型コロナウイルス感染症（COVID-19）の感染が拡大する社会的環境下では、仕事や収入が減って生活に困るといった事態が生じ、フリーランス保護についての必要性が指摘されることがありました。給付金が支給されるなどの措置が講じられましたが、フリーランス保護にかかわる今後の動向が注目されるところです。

Lesson 2　裁判例に基づいた労働にかかわる法律の理解

　労働にかかわる法律を含めて、法律に関しては、同じ条文に基づく場合でも、定められた条文の解釈の違いによって、異なる判決がいいわたされることがあります。このようなことから、法律に関しては、裁判所による法の解釈である裁判例に基づいて理解することも大切になります。

　裁判例では、労働にかかわる以下の項目にわたって、基本的な方向性、さらに、代表的な裁判例が挙げられています[6]。

　(1)　採用：採用にかかわる自由および制約等。

　(2)　配置：配置転換にかかわる命令および権利の濫用等。

　(3)　処遇：求人広告等の内容と労働契約の内容の差異等。

　(4)　年次有給休暇：年次有給休暇の取得にかかわる自由および制約等。

　(5)　賃金：賃金の支払い方法の原則および適用等。

　(6)　解雇：解雇にかかわる客観的に合理的な理由等。

　(7)　退職：退職の意思の表明および撤回等。

　(8)　労働条件の引き下げ：労働条件の不利益な変更等。

　(9)　無期・有期契約労働者間の格差：無期・有期契約労働者間の労働条件の格差の合理性等。

　(10)　ハラスメント：ハラスメントにかかわる責任および賠償等。

　(11)　過重労働：過重労働にかかわる安全配慮義務等。

　(12)　メンタルヘルス：メンタルヘルスにかかわる安全配慮義務および健康配慮義務等。

　(13)　仕事上のミスを理由とする損害賠償：仕事上のミスにかかわる損害賠償責任等。

　(14)　会社物品の私的使用：会社物品の私的使用にかかわる限度等。

　(15)　守秘義務：秘密の保持にかかわる義務等。

(16) 競業避止：競合に値する企業や組織に属したり自ら会社を設立したりする行為の禁止等。

特に、パワー・ハラスメント（パワハラ）、セクシャル・ハラスメント（セクハラ）、マタニティ・ハラスメント（マタハラ）などの多様な範囲にわたり身近な課題になりうる（10）のハラスメントに関しては、基本的な方向性として、労働者が妊娠したことによって軽易な業務への転換権を行使した場合（労働基準法第65条3項）、使用者はその要求に応じなければならず、軽易な業務への転換の要求をしたことを理由として、使用者はその女性労働者に対して解雇その他の不利益な扱いをしてはならない（均等法第9条3項）ことが示されています。

また、女性労働者が転換権の行使により軽易な業務になったことを契機として、使用者がその女性労働者に対して降格を行う場合、原則として均等法第9条3項の不利益取り扱いに当たることについても基本的な方向性として示されています。

さらに、使用者が軽易な作業への転換権の行使を理由にその女性労働者を降格した場合、その降格が有効であるためには、それが女性労働者の自由な意思に基づいて降格を承認したものと認めるに足りる合理的な理由が客観的に存在するという、均等法第9条3項の趣旨および目的に実質に反しない特段の事情が必要であることが判例を含めて示されています（2015年判決）。

一方、労働者の義務にかかわる解釈として、たとえば、守秘義務に関しては、労働者が使用者の業務上の秘密を保持すべき義務を負うことが基本的な方向性として示されています。

worksheet 4

　法に関する学習は、難しく感じられたかもしれません。実際には、専門家に相談することが必要な場合もあるでしょう。

　法は、音楽活動を含めて、私たちの生活全般に影響を与えるものです。そして、社会の形成者である私たちもまた、法に影響を与えています。それゆえに、法について考えたり、検討したりする機会は大切にする必要があります。

　第4章では、裁判例に基づいて、法に関して考えたり、検討したりすることを試みました。難しく思われる法の理解を進めたり、深めたりするための方法として、身近な実践に基づいて考えることもできます。

　以下の問いについて考えながら、法の理解を進めたり、深めたりしてみましょう。考えた過程や成果を次頁に表現し、共有してみましょう。

（1）音楽活動にかかわろうとするみなさんには、これまでの経験をとおして、心配したり、不安になったりしたことはありますか。また、第4章で学習した内容と関係すると思われることはありますか。

（2）心配や不安をやわらげるために、あったらいいなと思われる法や制度などはありますか。

（解答用紙は巻末11ページ）

1）神谷信行「『音楽著作権法入門』——判例事例から学ぶ（梗概）」2019年。
　https://www.kunitachi.ac.jp/documents/education/JASRAC/JASRAC2019_05.pdf
　(accessed 03 June 2020)
2）木村周『キャリアコンサルティング理論と実際（5訂版）』一般社団法人雇用問題研究会、
　2018年、160頁。
3）一般社団法人日本産業カウンセラー協会『キャリアコンサルタント——その理論と実務』
　一般社団法人日本産業カウンセラー協会、2018年、224頁。

4）同上書、224 – 227 頁。

5）厚生労働省「労働組合 / 労働委員会」
   https://www.mhlw.go.jp/stf/seisakunitsuite/bunya/koyou_roudou/roudouseisaku/
   roudoukumiai/index.html (accessed 06 August 2020)

6）厚生労働省「裁判例」
   https://www.check-roudou.mhlw.go.jp/hanrei/ (accessed 12 September 2020)

音楽キャリア発達支援と
能力開発

　音楽キャリアにかかわる発達支援においても、自分が今もっている力に気づいたり、活かしたりするだけでなく、その力をさらに発展させることが大切です。

　第5章では、音楽を含むキャリア発達支援において、「自分が今もつ力を発展させる」とはどのようなことかを確認することから始めます。そのうえで、一般的に自分の力を発展させるために有益とされる考え方、さらに、特に音楽キャリアに関して重視されている考え方の理解をとおして、発達支援を進めたいと思います。

Lesson 1　キャリア発達支援にかかわる能力開発とは

　キャリア発達に関連して、自分が今もつ力を発展させるための「能力開発」という考え方があります。

　能力開発とは、職業との関係においては、仕事に役立つ能力やスキルを身につけるための学習活動と考えられています[1]。

　能力開発には、企業等の勤務先の指示や命令によって勤務時間内に勤務先がコストを負担して行う企業内訓練があります。企業内訓練は、on-the job-training（OJT）と off-the job-training（Off-JT）に分けられます。前者の OJT は、上司や同僚などの仕事の様子から学んだり、上司などによる指導や助言を通して学んだりするような、日常の仕事において行われる学習のことです。一方、後者の Off-JT は、日常の仕事から離れて、研修や講習会への参加などをとおして行われる学習です。2019 年度の調査では、企業が重要であると考える能力として、「マネジメント能力・リーダーシップ」、「チームワーク・協調性・周囲との協働力」、「職種に特有の実践的スキル」などが挙げられたことが報告されています[2]。企業内訓練では、これらのような、企業が重要であると考える能力開発が中心になるかもしれません。

　また、国や都道府県などが進める能力開発は、職業能力開発といわれます。公共職業施設内または委託によって、訓練などをとおした求職者支援などが実

施されています。

　さらに、能力開発には、自分の意思によって就業時間外に自身で費用を負担して行う学習が含まれます。このような学習は自己啓発といわれます[3]。自己啓発には、自学の他に、学校などへの通学・通信教育によるものがあります。

　以上のような、職業との関係における能力開発は、個人にとっては職業の安定や地位の向上の実現に、また、組織や社会には活性化につながるものとされ、変化する環境下において個人が自らを持続するための最大のセーフティネットとして理解されています[4]。

　このように、キャリアにかかわる能力開発は、主に、職業という側面から考えられることが多いといえます。人生のあり方を含めてキャリアを捉える本書では、人生にかかわる力という視点をもあわせて、能力開発についての理解を進めたいと思います。

Lesson 2　能力開発にかかわる制度とスキル

(1)　能力開発にかかわる制度

　職業にかかわる能力開発に関しては、職業能力開発促進法において、基本的な考え方が定められています。

　職業能力開発促進法は、職業に必要な労働者の能力の開発および向上を促進し、職業の安定と労働者の地位の向上、経済・社会の発展に寄与することを目的として、1969 年に制定されました。同法の制定に伴い、国の職業能力開発施策の基本方針を定めた職業能力開発基本計画が 5 年ごとに策定されています。

　職業能力開発促進法に基づいて考えると、能力開発を組織などの集団や社会との関係において理解することができます。みなさんが音楽活動にかかわるた

めに今もっている力を育てようとすることは、自分だけでなく、音楽にかかわる職業や産業、さらに、音楽活動が社会に与える影響などをより発展させることにつながるかもしれません。

特に、職業能力開発基本計画との関係では、現行の計画にみられるように、能力開発を地域性を反映して考えることが重視されています[5]。能力開発には都道府県などが進める職業能力開発が含まれることを示しましたが、地域の産業や文化などを反映した能力開発については、都道府県などによる職業能力開発校での教育などをとおして促進されています[6]。また、音楽とのかかわりにおいては、地域に特有の楽器の演奏や教育をとおして地域を発展させる活動などが挙げられます。さらに、少子高齢化の進行といった地域の課題に関して、自身の音楽活動をとおして子育て支援を発展させるといった取り組みも考えられます。能力開発は先の自己啓発のように自分が必要とする課題に基づいて進められることでもありますが、自身の問題意識や興味・関心を地域の課題解決などに役立てられるかどうかも大切な視点になりそうです。

(2) 能力開発にかかわるスキル

職業との関係においては、能力開発は、仕事に役立つ能力やスキルを身につけるための学習活動と考えられていました。

厚生労働省は、能力開発にかかわる基本的な項目として、知識（knowledge）や、スキル（skill）を挙げています[7]。

特に、能力開発にかかわる基本的なスキルに関しては、米国労働省が1998年に開設したO*NET（Occupational Information Network）において、以下の10項目が示されています[8]。

　(1) 主体的に聞くスキル

　(2) 話すスキル

　(3) 書くスキル

　(4) 科学にかかわるスキル

（5）読解にかかわるスキル

（6）数学にかかわるスキル

（7）主体的に学習するスキル

（8）戦略的に学習するスキル

（9）批判的に考えるスキル

（10）モニタリング（状況の定期的、継続的な調査や監視）にかかわるスキル

　この他に必要な応用的スキルとして、O*NET では表5-1のように、社会的なスキル、技術的なスキル、システムにかかわるスキル、資源管理にかかわるスキル、複雑な問題を解決するスキルを挙げています。

表5-1　能力開発にかかわる応用的なスキル（ベネット，2018）[9]

必要なスキル	スキルの内容	音楽のキャリアにかかわる具体例
（1）社会的なスキル	1）調整 2）教育 3）交渉 4）説得 5）サービス指向 6）社会的な意識	・依頼者等との連絡にかかわる力 ・会場や演奏家等との交渉力 ・チームワーク力 ・集団のマネジメント力 ・ネットワークの形成力 等
（2）技術的なスキル	1）設備の保全 2）設備の選択 3）取り付け 4）操作および制御 5）稼働にかかわる監視 6）稼働にかかわる分析 7）プログラミング 8）質的なコントロールにかかわる分析 9）修理 10）技術にかかわるデザイン 11）不具合にかかわる分析	・演奏にかかわるスキル ・演奏等にかかわる物的環境を整える力 等

必要なスキル	スキルの内容	音楽のキャリアにかかわる具体例
(3) システムにかかわる スキル	1) 判断および意思決定 2) システム分析 3) システム評価	・契約にかかわる力 ・演奏会等を企画する力 ・マーケティングにかかわる力 ・プロモーションにかかわる力 <div align="right">等</div>
(4) 資源管理にかかわる スキル	1) 財源管理 2) 材料資源管理 3) 人的資源管理 4) 時間管理	・収入と支出の管理にかかわる力 ・時間をマネジメントする力 ・補助金等の申請にかかわる力 <div align="right">等</div>
(5) 複雑な問題を 解決するスキル		・短期的／長期的目標を設定し、達成する力 <div align="right">等</div>

　音楽にかかわるみなさんは、学内外での活動をとおして、以上のスキルを含む能力開発に取り組まれるとよいかもしれません。表5−1の最右段に、音楽のキャリアにかかわるスキルの例をあわせて挙げていますので、参考にしてください。

　音楽のキャリアに関連して重視されているのは、特にマネジメントにかかわるスキルです[10]。マネジメントのスキルは、集団との関係などの社会的側面、時間等の資源管理の側面をはじめ、技術、システムおよび複雑な問題解決にわたるすべての側面に関係します。音楽にかかわるキャリアでは、演奏のスキルだけでなく、その他に必要なスキル（マネジメントのスキルなど）を関係づけて理解し、向上させることが求められているのです。

(3)　能力開発にかかわる評価

　能力開発においては、評価についての理解も大切です。能力開発の評価には、企業などの勤務先がかかわる場合（企業内訓練など）、国や都道府県などがかかわる場合（職業能力開発など）、そして、自分自身による場合（自己啓

発など）があります。

　企業などの勤務先がかかわる能力開発には、厚生労働省が職業能力に関して体系的に整備した「職業能力評価基準」が活用されることがあります[11]。「職業能力評価基準」は、仕事に必要な「知識」、「技術・技能」、「成果につながる職務行動例（職務遂行能力）」を業種別、職種・職務別に整理したものです。日本における公的な職業能力評価制度の基準であり、職業を中心とするキャリアにかかわる教育や評価等において活用されています。2002 年度から策定され、業種横断的な事務系職種をはじめ、ものづくりからサービス業に至る幅広い業種を整備しています。

　職業能力評価基準には、スキルや知識を中心とした、職種に共通する能力や、職務ごとに特に求められる能力が挙げられています。また、能力開発にかかわる項目として、成果につながる職務行動例が示されています。

　たとえば、音楽活動がかかわることのある「イベント産業」に関しては、多種多様な業種や業態の企業間の連携や協働によって構成される産業として説明されています。そのうえで、イベント産業に関して必要な能力として、イベントに関する知識や技術とともに、人間の行動や心理を把握する力、さまざまな情報を収集し分析する力、分析に基づいてイベントを創造する力といった、企業間の連携や協働にかかわる力があわせて挙げられています。

　さらに、イベント産業に関しては、「企画」、「制作」および「運営」にわたる専門性の高い職種ごとに評価基準が設定されています。

　これらの 3 つの職種のうち、「運営」に関して、たとえば「管理」の分野では「運営マネジメント」および「安全管理」にかかわる能力が評価される一方、「実施」の分野では「来場者の案内誘導」および「会場サービスの実施」にかかわる能力が評価されることが示されています。

　さらに、運営にかかわる「管理」の分野では、「運営マネジメント」に関して、「運営マニュアルの作成」、「運営作業の実施準備」および「運営業務の管理」にかかわる能力が必要であることが示されています。このように、マネジメントにかかわる能力においても、特に、運営に関して必要とされる能力がよ

り具体的に挙げられています。興味のある音楽活動においてどのような能力を活用することができるのか、あるいは、どのような能力を開発すればよいのかを見通すことで、スキルや知識のさらなる習得、また、必要に応じた免許資格等の取得などに備えることができるでしょう。

このように、能力開発に関しては、職業との関係を中心に、必要なスキルなどの指標が挙げられているだけでなく、評価基準についても示されています。音楽にかかわるキャリア発達においても、これらの情報を収集し、能力開発に役立てることができそうです。

身近な情報収集にかかわる機会として、大学などではキャリア教育やキャリア支援などの機会、また、行政機関や教育訓練機関などによる職業能力開発プログラム、さらに、事業所などのインターンシップを活用することができると思います。特に、音楽活動にかかわろうとする場合には、師事する先生や組織および団体などによる、人やネットワークをとおした情報収集も有益であることを心に留めておきましょう。

(4) 人生とのかかわりをふまえた能力開発

さらに、キャリアにかかわる能力開発に関しては、人生とのかかわりとの関係において考える必要があるように思われます。O*NET においても、以下のように、人生にかかわりのある興味や価値観に関する項目が挙げられています[12]。

(1) 達成：自分の能力を活用して達成できたと感じられるか？
(2) 独立性：自分で決めて作業できるか？
(3) 承認：一流とみなされる進歩やリーダーシップを提供できるか？
(4) 関係性：他者や社会と友好的な環境において活動できるか？
(5) 支援：他者の支援に役立つことができるか？
(6) 作業条件：安全でよい条件が提供されるか？

以上の６項目は、音楽活動にかかわるみなさんにとって、自分の力を発揮で

きることに喜びを感じる、リーダーでありたい、仲間や関係者と楽しく過ごしたい、誰かの助けや癒やしになることを好ましく思うといった、自分らしさを表現する機会であるかもしれません。

このように考えると、キャリア発達にかかわる能力開発では、組織等の集団や社会に必要とされる能力だけでなく、自身の人生に必要とする能力の開発をあわせて進めることが望まれるように思われます。

♪ worksheet 5

第5章では、キャリア発達にかかわる能力開発に関して学習する過程で、能力開発においても人生にかかわる項目が含まれることを確認しました。

以下の問いに取り組みながら、音楽キャリアにかかわる自分らしさをふまえた能力開発に関して、考えてみましょう。

（1）あなたは、これまでに、能力開発にかかわるどのようなスキルを育ててきましたか？　また、これから、どのようなスキルを育てたいですか？

（2）能力開発には、企業内訓練、職業能力開発、自己啓発などがありました。音楽活動にかかわるあなたにとって、どの能力開発をどのように進めることが、自分らしさを活かしたり、育てたりすることに役立てられそうでしょうか。

（解答用紙は巻末 13 ページ）

註

1) 原ひろみ「職業能力開発」『日本労働研究雑誌』633、2013 年、22 - 25 頁。
2) 厚生労働省「第 10 次職業能力開発基本計画」2016 年
   https://www.mhlw.go.jp/stf/houdou/0000122803.html (accessed 14 August 2020)
3) 原ひろみ、前掲論文。
4) 厚生労働省職業能力開発局「人材による成長を導くために　職業能力開発の今後の在り方に関する研究会」報告書、2005 年。

https://www.mhlw.go.jp/houdou/2005/05/h0530-3b.html (accessed 13 August 2020)

5）厚生労働省「能力開発基本調査：結果の概要」各年度版

https://www.mhlw.go.jp/toukei/list/104-1_kekka.html (accessed 13 August 2020)

6）厚生労働省「キャリアアップ、職業能力評価シート、導入活用マニュアル」

https://www.mhlw.go.jp/stf/seisakunitsuite/bunya/0000093584.html (accessed 13 September 2020)

7）O*NET On Line. Skills――Basic Skills.

https://www.onetonline.org/find/descriptor/browse/Skills/2.A/ (accessed 13 August 2020)

8）同上 O*NET On Line. Skills――Basic Skills.

9）ドーン・ベネット「生き延びるためのスキル・資質・やる気」ドーン・ベネット編著、久保田慶一翻訳『音大生のキャリア戦略――音楽の世界でこれからを生き抜いてゆく君へ』春秋社、2018 年、94－96 頁。

10）厚生労働省「職業能力評価基準について」

https://www.mhlw.go.jp/stf/seisakunitsuite/bunya/koyou_roudou/jinzaikaihatsu/ability_skill/syokunou/index.html (accessed 07 June 2020)

11）前掲、O˙NET On Line. Skills――Basic Skills.

https://www.onetonline.org/find/descriptor/browse/Skills/2.A/ (accessed 16 August 2020)

12）O˙NET On Line. Work Values.

https://www.onetonline.org/find/descriptor/browse/Work_Values/ (accessed 11 December 2020)

第 3 部

キャリアプランの過程を理解する

意思決定の過程に
かかわる支援

　キャリアにかかわる過程では、ときに意思決定が求められます。第2章や第3章で学習した自己理解や職業理解などの過程を経て、では自分はどうするのか、キャリアにかかわる意思を決定する必要があります。

　キャリアには人生のあり方そのものがかかわることがあることを第1章で確認しました。キャリアには意思決定の過程が含まれますが、意思決定には自分らしさが反映されうるため、意思決定の過程においても、職歴や獲得されたスキルだけでなく、人生のあり方そのものが関係すると考えられています[1]。このような考え方に基づくと、音楽にかかわるキャリア発達においても、意思決定の過程への理解は重要であるように思われます。

　こうしたことから、第6章では、意思決定の過程にかかわる理解をとおして、発達支援を進めます。

Lesson 1　意思決定にかかわる考え方

(1)　ライフプランに基づいた意思決定

　キャリアにかかわる意思決定の過程では、ライフプラン（life plan）について考えられることがあります[2]。

　ライフプランとは、自身のこれからの人生にかかわる計画です。職業や、経済面のバランスがかかわるだけでなく、健康の維持や、家族との関係などが含まれます。たとえば、健康の維持に関しては、生活習慣の見直しや、保健医療機関などの予防的な利用など、今後の年齢ごとの健康や健康管理のあり方などにかかわる見通しが検討され、意思決定に反映されます。また、家族との関係では、家族の構成員の年齢や状況（親の加齢、退職、健康状態の悪化など）、家族と自身との関係性の変化など（親からの経済的な独立、自身の結婚や、子

どもの誕生など）が意思決定において考慮されます。趣味や社会的活動などを含むこともあります。

　ライフプランに基づいた意思決定にあたっては、「転機」（transition）に伴って人生に変化が生じうることをふまえておく必要があります。

(2)　意思決定にかかわる転機の考え方

　キャリアにかかわる転機には、進学、留学、就職、異動、昇任、昇進、転勤、転職、起業、失業、退職などの他、結婚、離婚、病気の発症、家族にかかわる出来事などが挙げられます[3]。

　転機について、シュロスバーグ（Schlossberg, N. K.）は、予測していた転機、予測していなかった転機、そして、予測していたが起こらなかった転機があると考えました[4]。

　また、ブリッジス（Bridges, W.）は、転機には、図6-1のような3つの段階（ステップ）がみられるという考え方を示しました。

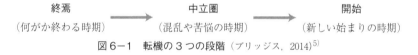

終焉		中立圏		開始
（何かが終わる時期）	→	（混乱や苦悩の時期）	→	（新しい始まりの時期）

図6-1　転機の3つの段階（ブリッジス，2014）[5]

　以上の3つの段階に基づいて転機を考えると、転機は何かの終わりを認識したことをきっかけにもたらされることがあり、混乱や苦悩の時期があっても、やがて新しい始まりへとつながりうるものであることがうかがえます。

　一方、ニコルソン（Nicholson, N.）は、図6-2のように、循環する4つの過程として転機を考えました。

第1段階
準備（preparation）

第4段階
安定化（stabilization）

第2段階
遭遇（encounter）

第3段階
順応（adjustment）

図6-2　循環する4つの転機の過程（日本産業カウンセラー協会，2018）[6]

以上のように、転機を循環として考えると、1つの転機にかかわる循環としての考え方だけでなく、転機を繰り返す過程においての循環として考えることもできるのではないかと思われます。人生においては幾つもの転機を経験することでしょう。遭遇する転機は初めての経験であるかもしれません。そのような場合でも、転機を循環の過程として考えると、それまでの転機において順応から準備に至るまでに得た経験を、新たな転機に役立てることができる可能性があることがうかがえます。

　これらのように、意思決定にかかわる転機に関しては、終焉から、中立圏、開始にわたる3つの段階や、準備、遭遇、順応、安定化をめぐる4つの循環として理解することができることを学びました。

　さらに、転機にかかわる過程では、「危機」（risk）が経験される場合があることに留意しておく必要があります。

(3)　意思決定にかかわる危機の考え方

　キャリア発達との関係において、危機とは、人生にかかわる大切な目標に向かうときに障害に直面し、また、その障害が問題解決のためにこれまで用いてきた方法では克服できない結果として発生する状態であると考えられています[7]。

　危機については、以下のように、偶発的なもの、発達に伴うもの、そして文化や社会にかかわるものの3つの種類に分類されています。

(1) 偶発的危機：災害、事故、暴力被害、社会的地位・役割の変化、リストラ、病気、喪失体験、死別、離婚など。

(2) 発達的危機：進路選択、受験、入学、留学、恋愛、結婚、出産、子育て、親子関係、就職、異動、昇任、転勤、転職、退職、起業、再就職、介護など。

(3) 文化社会的危機：海外移住、転居など。

　危機ときくと、被害に遭うとか、病気に罹るとか、大切なものを手放す、あるいは大切な人と別れるとかいったような、望ましくない出来事に伴って生じ

うるものと考えられることがあります。以上の３つの分類に基づいて改めて考えてみると、危機は、入学、留学、就職、起業や、海外移住といった、一見喜ばしいと思われる出来事においても生じうることをふまえておく必要があるかもしれません。

(4)　個人および集団との関係をふまえた意思決定

　意思決定に関しては、表６−１のように、個人と仕事との関係、個人の心理的要因、そして、選択の過程に注目した３つの考え方があります。

表６−１　意思決定にかかわる３つの考え方（各文献を基に筆者作成）

特性因子論的アプローチ[8)]	個人の特性と仕事の要件との適合によって職業を選択する。 個人の特性には人生にかかわる価値観等を含む。
パーソナリティアプローチ[9)]	個人の心理的要因との適合によって職業を選択する。 以下の**６つのパーソナリティ**によって構成される。 (1)　現実的（realistic）：明確で秩序だった、体系化された操作を伴う活動を好む。 (2)　研究的（investigative）：実証的、抽象的、体系的、創造的に研究する活動を好む。 (3)　芸術的（artistic）：術的作品の創造を目的とした活動を好む。 (4)　社会的（social）：情報伝達、教育、ケアなどをとおした他者に影響を与える活動を好む。 (5)　企業的（enterprising）：組織の目標の達成、経済的利益を目的とした活動を好む。 (6)　慣習的（conventional）：資料を系統的、秩序的、体系的に扱うことを必要とする活動を好む。
意思決定論的アプローチ[10)]	キャリア選択の過程に注目する。 意思決定の過程に以下の要因が影響を与えると考えられている。 (1)　遺伝的特性と特別な能力 (2)　環境的状況と出来事 (3)　学習経験 (4)　課題アプローチスキル

また、個人の意思決定の過程では、個人の関心に影響を与える以下の8つの条件が影響することがあります[11]。

　(1)「専門性・職能別」：特定の専門・職能領域に強い関心をもつ。音楽にかかわる専門性を活かしたい等。

　(2)「管理全般」：組織に強い関心をもつ。会社の期待に応えたい等。

　(3)「自律・独立」：自分の裁量で自由に決めることができることに強い関心をもつ。自分で決めることができることを重視したい等。

　(4)「保障・安定」：安全・安定していることに強い関心をもつ。長期にわたって将来性があることを最優先にしたい等。

　(5)「起業家的創造性」：起業・創造できることに強い関心をもつ。起業したい、オリジナリティを表現したい等。

　(6)「奉仕・社会貢献」：人や社会の役に立てることに強い関心をもつ。誰かや何かの助けになりたい等。

　(7)「挑戦」：困難な課題に取り組み、解決することに強い関心をもつ。難しいことに挑戦して克服することに喜びがある等。

　(8)「生活用式」：生活とのバランスを保つことに強い関心をもつ。仕事も生活もどちらも大切にした人生を実現したい等。

　さらに、個人の意思決定に関しては、集団（組織等）との関係性に注目した以下のような考え方もあります[12]。個人の意思決定には、集団との関係性に伴う影響が及ぶことがあります。集団との関係性においても自分の意思が揺らがないことを確認することもあるでしょうし、集団との関係性をふまえて自分の意思を発展させることもあるでしょう。

　(1)「キャリア自律」がかかわるような場合の考え方

　集団においても自分の意思を基礎として主体的に行動する。組織等との関係においても自分の意思に基づいて行動したいと考える等。

　(2)「リアリティショック」がかかわるような場合の考え方

　集団への参入前の個人の期待と参入後の現実との差異に対して心理的衝撃を生じる。

自分が就職する前に抱いていた組織等のイメージと就職して感じた実際との違いに驚く等。

　(3)「組織社会化」がかかわるような場合の考え方

　個人が期待される役割を遂行し集団に適応する。自分に分担された役割に取り組む過程で組織等に次第に馴染んでいく等。

　(4)「組織コミットメント」がかかわるような場合の考え方

　自分を集団に同一化するなどをとおして個人の集団に対する関与が高まる。組織等と自分との一体感を感じてその組織等に居続けたいと思う等。

　(5)「キャリアプラトー」がかかわるような場合の考え方

　キャリアにかかわる停滞をいう[13]。組織等の自分の役割等に行き詰まりを感じモチベーションが下がる等。

　以上の内容に基づくと、個人の意思決定に関しては、仕事との関係、心理的要因や、選択の過程がかかわるとともに、個人の関心にかかわる条件、特に、個人と集団（組織等）との関係性をどうとらえるかがかかわっているといえます。

Lesson 2　意思決定を助ける問い

　キャリアにかかわる意思決定の過程では、意志決定の結果が人生に相当の影響を与えることがあるわけですから、選択した結果のメリットやデメリットなどをふまえて、自分で決定することが大切になります。自分で選択して決定するための判断基準として、前節で学習した意思決定にかかわる考え方を活用することができます。さらに、自分で選択して決定するための手助けとして、相談支援にかかわる専門職を養成するテキストで挙げられている以下の6つの問いを活用することができます[14]。

　(1) 意思決定にかかわるプランは具体的であるか？
　(2) 意思決定にかかわるプランは明確であるか？

（3）意思決定にかかわるプランは実行できるものであるか？

（4）意思決定にかかわるプランには期限が設定されているか？

（5）意思決定にかかわるプランは達成可能であるか？

（6）意思決定にかかわるプランは明文化されているか？

　以上の問いに基づいて音楽にかかわる意思決定のプランを考えてみると、たとえば、留学する場合、何歳までに留学するか、どの国のどの大学などにどのような準備をして留学するのか、これらのプランには達成する見込みがありそうか、留学するために実際に行動しているかなどについて確認することができます。

　キャリアにかかわる意思決定では、転機をふまえて考えることも大切でした。転機は、人生に影響を与えることがあるからです。転機に適切に対処する視点として、以下の４つの問いが挙げられています[15]。転機を経験した際には、自分は「何をしたいのか？」（動機）、「何が得意なのか？」（能力）、「何をすると満たされるのか？」（価値）などと問うことをとおして、改めて自分を確認することができるでしょう。

（1）状況：転機が起きた原因は何か？

　　　　　何を選択したことによって生じたのか？

（2）自己：自分はその状況にどのように対処しようとしているか？

（3）支援：対処するためにどのような資源を活用できるか？

（4）戦略：状況に対処する戦略をどのように実行しているか？

　これまでに確認してきましたように、転機には、予測していなかったことや、偶発的なことが含まれます。そのため、キャリアにかかわる人生のあらゆる出来事に関して、私たちが意図するままにかかわることは難しいように思われます。

　一方、転機を意思決定との関係において考えてみると、特に、対処する際に、具体的に上記４つの視点からとらえることで、より主体的に自身の人生の出来事に関与できる可能性が広がるように思われます。

　音楽にかかわるキャリアにおいても、これまでさまざまな転機が生じてきた

ことでしょう。これからも、予測していなかったこと、偶発的なことが起こりうるでしょう。転機を経験するかしないかに関与することは難しいかもしれませんが、転機にどのように対処するかについては自分らしさを発揮できるのではないでしょうか。転機という経験は、予測が難しく偶発性を含むがゆえに、対処の仕方をとおして、どのように自らの人生にかかわるかを、自由に表現する機会になるかもしれません。

♪ *worksheet 6*

　第6章では、意思決定の過程を中心にキャリア発達に関して学習してきました。キャリア発達にかかわる意思決定の過程は、個人での意思決定や、集団との関係性を基に考えることができる他、転機や危機への対処という側面から考えることもできました。

　さらに、以下の問いに取り組むことをとおして、意思決定にかかわる考え方の理解について確かめてみましょう。

（1）これからの人生にどのような転機があると予測されるでしょうか。

（2）転機にかかわる3つの段階（Bridges, W.）、あるいは、4つの過程（Nicholson, N.）に基づいて、予測した転機にどのように対処できそうかを考えてみましょう。

（解答用紙は巻末15ページ）

註

1）一般社団法人日本産業カウンセラー協会『キャリアコンサルタント——その理論と実務』一般社団法人日本産業カウンセラー協会、2018年、399頁。
2）河野真理子「少子・高齢日本における個の自立を考える（4）これからのライフプラン・キャリアプランの考え方——21世紀に生きる人の人生観・職業観」『社会教育』54（4）、1999年、46-48頁。
3）金井壽宏「キャリアの学説と学説のキャリア」『日本労働研究雑誌』52（10）、2010年、4-15頁。
4）独立行政法人労働政策研究・研修機構編『新時代のキャリア・コンサルティング——キャ

リア理論・カウンセリング理論の現在と未来』独立行政法人労働政策研究・研修機構 2018 年、98 – 99 頁。

5）ウイリアム・ブリッジス著、倉光修・小林哲郎訳『トランジション —— 人生の転機を活かすために』パンローリング、2014 年、149 頁。

6）一般社団法人日本産業カウンセラー協会、前掲書、323 – 324 頁。

7）同上書、327 頁。

8）同上書、94 – 95 頁。

9）独立行政法人労働政策研究・研修機構編、前掲書、31 頁。

10）木村周『キャリアコンサルティング理論と実際（5訂版）』一般社団法人雇用問題研究会、2018 年、26 頁。

11）同上書、67 頁。

12）谷田部光一「キャリア・デザインと能力開発」『労働と経済』1619、2017 年、14 – 17 頁。

13）山本寛研究室「キャリアプラトー」
http://yamamoto-lab.jp/career-plateauing/ (accessed 14 September 2020)

14）一般社団法人日本産業カウンセラー協会、前掲書、402 – 403 頁。

15）同上書、324 – 325 頁。

キャリアプランを
実行するために

Introduction

キャリアにかかわる過程には、実行が伴います。第6章までに学習した意思決定に至る過程を経て、キャリアにかかわるプランが立案されても、そのプランが実行されなければ、キャリアにかかわる過程を進めることは難しいでしょう。

しかしながら、キャリアにかかわるプランを実行することが大切であるとわかっていても、実際に行うことは簡単ではないかもしれません。このような場合、実行するためにどのようなことを心掛けるとよいのか、あるいは、実行するとはどのようなことなのかを理解しておくことは、実行するための手助けになるでしょう。

第7章では、キャリアの過程において、実行することをどのように理解し、どのように実行すればよいのかを中心に学習を進めます。

Lesson 1 キャリアプランの実行にかかわる動機づけ

キャリアプランを実行するにあたって、実行に影響を与えうる自身の考え方のひとつに動機づけがあります。そのため、キャリアプランの実行に関しては、動機づけが重視されます。

動機づけとは、感情、認知、実行（行動）にわたって影響を及ぼす、意欲にかかわる概念で、報酬などのように外部からもたらされる動機づけ（外発的動機づけ）と、それを実行したいといった自身の内面から湧き起こる動機づけ（内発的動機づけ）に分けて考えられています[1]。動機づけは、実行することを始め、推し進め、継続するだけでなく、方向づけにもかかわることから、理想の演奏家に近づきたいといった、キャリアにかかわる自分らしさを大切にするうえでも重要であると考えられます。

音楽にかかわるキャリアにおいても、自分らしさを大切にすることは重要です。特に、音楽のキャリアにおいて注目されるのは、たとえば、音楽界全体を知りたいといったような、個人の欲求に基づいた動機づけです[2]。

音楽にかかわる動機に関しては、音楽活動が多くの音楽家にとって仕事であ

るとともに人生の一部になりうることから、仕事にかかわる要求だけでなく、個人としての欲求が交錯する傾向にあることが指摘されています[3]。個人としての欲求は、音楽にかかわる動機づけにあたって、自分との関係において音楽を考える傾向を高めるかもしれません。みなさんのなかにも、誰かに評価されるだけでなく、自身が納得できる演奏でありたいと考える人が少なくないのではないでしょうか。このように、音楽にかかわるキャリアにおける動機づけは、個人の内面的な欲求と結びついているといえます。

　一方、音楽にかかわるキャリアの動機づけに関して、他者との関係において見出されるものと理解する考え方もあります[4]。音楽家にとって、音楽活動とは表現という他者との共有を前提とした社会的関係においてのキャリアとして考えられているためです。もちろん、このことは、社会の要求に応えるだけでなく、社会の変革にかかわることもある、相互的な関係にあることが前提とされています。それゆえに、音楽にかかわるキャリアでは、他者との相互的な関係において、自分が何者であるかを認識し、理解することが求められています。このように、他者との相互的な関係において自分を理解することは、第2章を中心に学習したように、自己理解を客観的に進めるためにも必要でした。

　音楽のキャリアにおいては、動機づけにかかわる個人の欲求もまた、他者との関係において相互的であり、また、変化しうるものとして考えられています。このような欲求に動機づけられた音楽にかかわるキャリアでは、個人の欲求を他者との相互性を伴った関係において統合できる能力を備えておくことが求められています[5]。例としては、音楽がただ好きな自分のために取り組み始めたものの、自身の音楽が他者に楽しまれたり役立てられたりする経験を経て、他者や社会のために音楽に取り組みたいと考えるようになることなどが挙げられます。このように考えると、音楽にかかわるキャリアプランを実行することは、他者との関係にも支えられる相互的な存在としての自分についての理解を進め、表現する過程といえるかもしれません。

Lesson 2　キャリアプランの実行

　キャリアプランを実行することは、実行する各段階を含む一連の過程として理解することができます。キャリアにかかわる過程は、図7-1に示すように、Plan（計画）・Do（実行）・Check（評価）・Action（改善）の頭文字によって表現されるPDCAサイクルに基づいて説明されることがあります。

　PDCAサイクルは、アメリカの統計学者であったデミング（William Edwards Deming）によって1950年代に提唱された、品質管理にかかわるモデルです[6]。日本でも企業などにより生産や業務の効率化を進める方法として導入され、キャリアにかかわる学習においても活用されています[7]。

Do
実行

Plan
計画

Check
評価

Action
改善

図7-1　PDCAサイクル

　まず、第一のPlanの過程では、目標を設定し、実行するための計画を立案します。次に、第二のDoの過程において、計画を実行します。さらに、第三のCheckの過程では、計画に基づいて実行されたかといった、実行の過程までの評価を行います。そのうえで、第四のActionの過程で、今後どのような改善が必要かが検討され、次のサイクルのPlanの過程に反映されます。

　PDCAサイクルに基づくと、キャリアプランを実行することとは、評価および改善を含む包括的な過程として理解できます。キャリアプランを実行するにあたって、PDCAサイクルを活用する場合、実行、ならびに、実行にかかわる計画の過程はもとより、評価および改善の過程における方向性や項目が適当であるかを検討する必要があります。キャリアプランの実行に関しては、個人としての、また、自他との相互的な関係に基づいた、包括的な過程についての検討が可能でしょう。

Lesson 3 キャリアプランの実行にかかわるマネジメント

　キャリア発達支援にかかわる方策の実行には、マネジメントが影響することが指摘されています[8]。第6章で学習したように、マネジメントの範囲は、社会的、技術的側面をはじめ、システム、資源管理、複雑な問題解決にわたる側面に及びます。特に、音楽にかかわるキャリア発達支援のマネジメントにおいては、動機づけにかかわる支援が重要であると考えられます。

　音楽のキャリアにかかわる動機づけに関する支援において求められていることは、自身がなぜ、何のために、音楽にかかわるのかを見直すことが可能な余地を残しておくということです[9]。余地を残すことにより、たとえば、音楽の動機づけにかかわる、音楽活動をとおして自分は何を達成しようとしているのかといった、自分らしさが揺らいだり、変容したりできることが求められているのです。なぜならば、たとえば、自分らしさが揺らぐことをとおして、いわば快適な状態から抜け出すことが、新しい挑戦や経験に対して自身の心を開くことにつながると考えられているためです。

　このような指摘に基づくと、音楽のキャリア発達にかかわるマネジメントにおいては、特に、新たな挑戦や経験の機会を得られるように支援するだけではなく、挑戦や経験にあたり、自身が開かれた状態であるための支援が必要になるものと考えられそうです[10]。

　第7章では、キャリアプランを実行することを、評価および改善を含む過程として理解することができることを確認しました。

　また、キャリアプランを実行する過程では、動機づけの影響を受けることを学びました。動機づけは、自分らしさにかかわるだけでなく、音楽にかかわるキャリアのマネジメントにおいても重要でした。

　では、今のみなさんにとって、キャリアプランの実行にかかわる自分らしさはどこにあるでしょうか。以下の問いに応えながら考えてみましょう。

　（1）どのようなきっかけで、音楽にかかわるキャリアを歩み始めることになりましたか？

　（2）今もなお、音楽にかかわる意欲や、やる気を高めてくれるのは、どのようなことでしょうか？

　（3）音楽にかかわる自分の意欲や、やる気に影響を与えるものはありますか？　ある場合、それはどのようなものですか？

　（4）意欲や、やる気を維持したり、高めたりするために、どのようなマネジメントを得られると助かりますか？　あるいは、自分でできそうなことはありますか？

（解答用紙は巻末 17 ページ）

註

1）鹿毛雅治『学習意欲の理論——動機づけの教育心理学』金子書房、2013 年、9 頁、209 頁。
2）ドーン・ベネット、アンジェラ・ビーチング、ロジー・パーキンス、グレン・カールーザース、ジャニス・ウェラー「音楽、音楽家、キャリア」ドーン・ベネット編著、久保田慶一編訳『音大生のキャリア戦略——音楽の世界でこれからを生き抜いてゆく君へ』春秋社、2018 年、8 頁。

3）ロジー・パーキース「音大生のキャリア再考——将来も自分らしくあり続けること」同上書、15頁。

4）ロジー・パーキース、同上論文、16頁。

5）ドーン・ベネット、アンジェラ・ビーチング、ロジー・パーキンス、グレン・カールーザース、ジャニス・ウェラー、前掲論文、8頁。

6）岡部光明「品質改善の基本手法『PDCA（Plan-Do-Check-Act）サイクル』について——その有効性向上にとっての2つの核心」『国際学研究』47、2015年、115-125頁。

7）国立教育政策研究所「学校の特色を生かして実践するキャリア教育——小・中・高等学校における基礎的・汎用的能力の育成のために」2011年。
https://www.nier.go.jp/shido/centerhp/23career_shiryou/23career_shiryou.html
(accessed 13 June 2020)

8）一般社団法人日本産業カウンセラー協会『キャリアコンサルタント——その理論と実務』一般社団法人日本産業カウンセラー協会、2018年、405頁。

9）ロジー・パーキース、前掲論文、29頁。

10）同上論文、19頁。

メンタルヘルスに かかわる支援

　キャリア発達にかかわる支援には、相談支援が含まれます。職業や働くことに関して、メンタルヘルスにかかわる不調が生じる可能性があるためです。

　厚生労働省の調査によると、職業や働くことに関して、強い悩み、不安、ストレスを感じる人の割合が高い傾向がみられます[1]。理由として、「仕事の量・質」(59.4％)、「仕事の失敗、責任の発生等」(34.0％)、「対人関係(セクハラ・パワハラを含む)」(31.3％)などが挙げられています。実際に、連続して1ヶ月以上休業したり、退職したりする人の割合が増える傾向もみられます[2]。

　これらの状況をふまえて、第8章では、まず支援にかかわるメンタルヘルスに関する法について確認したうえで、相談を中心とする支援にかかわる理解を進めます。

Lesson 1　メンタルヘルスにかかわる法

　本節では、メンタルヘルスに関して、これまでどのような法制度が整備されてきたかを整理します。法制度を学ぶことにより、メンタルヘルスに関して何が問題になるのか、どのような支援が提供されるのかをあらかじめ知り、備えることができるからです。

　働くこと、職業に起因するストレスが主な原因になって精神障害等が生じた場合には、労働災害保険(労災)が認定されることがあります。

　労働災害保険は、労働者災害補償保険法に基づいて、業務中や通勤中に生じた災害による負傷、疾病、死亡に対して保険金が給付される制度です。

　1999年には、労災の認定にかかわる指針として、「心理的負荷による精神障害等に係る業務上外の判断指針」が制定されました[3]。指針では、労災認定に関して、以下の要件等が示されました。

(1) 対象疾病に該当する精神障害を発病している。

(2) 対象疾病の発病前おおむね6ヶ月の間に、客観的に当該精神障害を発病させるおそれのある業務による強い心理的負荷が認められること。

（3）業務以外の心理的負荷および個体側要因により当該精神障害を発病したとは認められないこと。

2001年には、厚生労働省により、「職場における自殺の予防と対応」が制定されました[4]。

「職場における自殺の予防と対応」では、自殺の実態や産業精神保健の動向の他、日常の配慮や、自殺の予防および自殺の直前のサインなどにかかわる事項が挙げられるとともに、企業および中小事業所における相談体制づくりに必要な事項等が示されています。

日常からの配慮として、相談支援などが勧められているのは、以下のような例です。以下のような例がみられるときには、特に、メンタルヘルスにかかわる支援を受けることが必要になるかもしれないことに留意しておく必要があります。

（1）特別に業務負荷が多い（残業過剰、責任過剰）。

（2）職場や家庭等の困難な問題に直面している。

（3）うつ病や問題飲酒等「心の病」に罹患している。

そして、2006年には、自殺の防止、自殺者の親族等への支援の充実を目的とした、自殺対策基本法が施行されました。

自殺対策基本法に基づき、都道府県・政令指定都市に自殺対策連絡協議会が設置されることになりました。自殺対策連絡協議会には、医療、法律、福祉、教育および心理をはじめとする多様な関係者が参加し、地域の状況に応じたより身近な対策が進められつつあります。

また、翌2007年には、自殺対策基本法に基づき、「自殺総合対策大綱」が策定されました。

自殺総合対策大綱では、総合的な自殺対策にかかわる重点施策として、以下の9項目が示されました。

（1）自殺の実態を明らかにする。

（2）国民一人ひとりの気付きと見守りを促す。

（3）早期対応の中心的役割を果たす人材（ゲートキーパー）を養成する。

（4）　心の健康づくりを進める。

（5）　適切な精神科医療を受けられるようにする。

（6）　社会的な取り組みで自殺を防ぐ。

（7）　自殺未遂者の再度の自殺を防ぐ。

（8）　遺された人の苦痛を和らげる。

（9）　民間団体との連携を強化する。

　さらに、2006 年には、「労働者の心の健康の保持増進のための指針」（メンタルヘルス指針）が制定されました[5]。

　「労働者の心の健康の保持増進のための指針」では、自身によるメンタルヘルスにかかわる不調への気づきを促進するとともに、自身によっても対処する知識や方法を習得するために、セルフチェックなどを行うことができる機会を提供することなどが効果的であると示されています。

　セルフチェックに関しては、自発的に相談しやすい環境を整備することとあわせて、自身による心の健康にかかわる理解を進めることが求められています。

　2006 年にはまた、労働安全衛生法（安衛法）が改正され、長時間労働者に対する医師による面接指導が義務化されるなどしました[6]。

　それでもなお、2014 年度には、労災の認定件数が 497 件と過去最多になり、認定件数のうち、99 件が自殺という状況にありました[7]。主な原因は、仕事の質・量の大きな変化、パワーハラスメントなどでしたが、自殺例では、うつ病などの健康問題、勤務問題などが主な原因として挙げられました。

　このような社会的環境にあって、2014 年に、過労死等防止対策推進法が制定されました[8]。過労死等防止対策推進法において、過労死等とは、業務における過重な負荷による脳血管疾患もしくは心臓疾患を原因とする死亡もしくは業務における強い心理的負荷による精神障害を原因とする自殺による死亡またはこれらの脳血管疾患もしくは心臓疾患もしくは精神障害と定義されました。また、過労死等防止対策推進法に基づいて、ストレスチェックの実施が義務化されることになりました。ストレスチェックに関しては、以下が定められてい

ます。

  (1) メンタル不調の一次予防を一義的目的とする。

  (2) ストレスチェックと、高ストレス者と判断された者に対する面接指
  導・事後指導を実施する。

  (3) 本人の了承がない限り、結果は事業者に知らされない。

  (4) 健康診断と別に実施される。

  (5) 受検を強要されない。

  (6) 必要と判断された場合、事業者負担で医師による面接指導が行われる
  等。

　過労死等防止対策推進法に基づき、翌 2015 年には、「過労死等の防止のため
の対策に関する大綱―過労死をゼロにし、健康で充実して働き続けることので
きる社会へ―」が策定されました[9]。

　「過労死等の防止のための対策に関する大綱」では、私たち一人ひとりが自
身の健康に自覚をもつとともに、過重労働による自らの不調や周りの者の不調
に気づいて適切に対処できるようにするなど、過労死等防止対策に主体的に取
り組むよう努めることが求められています。

　特に注目されるのは、2018 年に改定された「過労死等の防止のための対策
に関する大綱」において、過労死等を防止するために、若い年齢層の労働者な
どが労働条件に関する理解を深めるための啓発が重要であるとされたことで
す。職場において、労働者自らが身体面、精神面の不調に気づくようにすると
ともに、社会に出ていく若年者の過労死等防止に役立つ労働関係法令などの普
及・啓発を実施することが大学等に求められています。

　以上のように、メンタルヘルスに関しては法制度などが整備されてきました
が、まだ十分ではありません。そのため、国や企業等によるさらなる取り組み
を強化するとともに、私たち一人ひとりが関心をもち続けることが求められて
います[10]。メンタルヘルスにかかわる法制度などに関して知り、何が問題であ
るかを考えることは、若者の過労自殺などのように、現行の法制度等では十分
に解決しえない問題を見出す機会でもあります。音楽にかかわるキャリアに関

しては、フリーランスとして経験を重ねる場合の課題などが問題になるかもしれません。

Lesson 2　メンタルヘルスにかかわる考え方と支援

　本節では、メンタルヘルスにかかわる考え方や支援に関して学びます。メンタルヘルスの不調にかかわるストレスの考え方を確認したうえで、ストレスへの対応を中心とした支援についてみていくことにしましょう。

(1)　メンタルヘルスにかかわる考え方

　メンタルヘルスにかかわる不調には、精神にかかわる障害や自殺だけでなく、ストレスや強い悩み、不安など、心身の健康、社会生活および生活の質に影響を与える可能性のある精神的・行動上の問題が幅広く含まれると考えられています[11]。

　ストレスとは、外部から刺激を受けた時に生じる緊張状態と考えられています[12]。外部からの刺激には、天候や騒音等の環境的要因、睡眠不足や病気などの身体的要因、不安や悩みなどの心理的要因、仕事が忙しい、人間関係がうまくいかないなどの社会的要因が挙げられます。

　これらのような、ストレスの原因となる刺激や要求などはストレッサーといわれます[13]。また、これらの刺激や要求に応じようとする生体の緊張状態・反応のことをストレス反応といいます。ストレス反応には、積極的に対処する（頑張る）ことにより生じやすくなるものと、回避的な対処（我慢する）により生じやすくなるものがあると考えられています。ストレスは、ストレッサーがその人にとって適当な基準を超えた場合にストレス反応が生じることによって起こると考えられています。

　その人にとって適当なストレスの基準を超えると、短期的には、交感神経の

はたらきが促進される傾向がみられます。このような状態が改善されない場合、ブレーキをかけようとして副交感神経が過剰にはたらくことにより、自律神経系のバランスが慢性的に損なわれることがあります。また、長期的にストレスの基準を超えてしまうような状態が続くと、免疫機能の低下あるいは過敏さが高まることにもつながりかねません。血圧や心臓、血管にかかわる循環器の疾患、胃や腸などにかかわる消化器の疾患にかかりやすくなることもあります。

　このように、ストレスには刺激がかかわりますが、刺激の種類によって、ストレスを認識する程度が異なると考えられています。

　ホームズとレイ（Holmes & Rahe, 1967）は、「社会的再適応評価尺度（Social Readjustment Rating Scales, SRRS）」に基づいて、キャリアにかかわる出来事の認識の程度には、表8−1のように違いがみられることを指摘しました。社

表8−1　社会的再適応評価尺度（Holmes & Rahe, 1967を基に筆者により一部改変）[14]

配偶者の死	100（第1位）	仕事上の責任の変化	29（第23位）…
離婚	73（第2位）…	優れた業績をあげる	28（第25位）
親族の死	63（第5位）	妻の就職、復帰、退職	26（第26位）
個人のけがや病気	53（第6位）	生活状況の変化	25（第28位）
結婚	50（第7位）…	生活習慣を変える禁煙等	24（第29位）
退職	45（第10位）…	上司とのトラブル	23（第30位）
妊娠	40（第12位）	勤務時間や勤務条件の変化	20（第31位）
性生活がうまくいかない	39（第13位）	転居	20（第32位）…
新しく家族が増える	39（同位）…	レクリエーションの変化	19（第34位）
経済状態の変化	38（第16位）…	睡眠習慣の変化	16（第38位）
職種換えまたは転職	36（第18位）	家族団欒の回数の変化	15（第39位）
夫婦の口論の回数が変わる	35（第19位）	食習慣の変化	15（第40位）
100万円以上の抵当（借金）	31（第20位）…	休暇	13（第41位）…

会的再適応評価尺度では、「配偶者の死」が100、「結婚」が50のように、ライフイベントごとのストレスにかかわる尺度が数値として示されています。

ストレスを認識する程度には、社会の環境や、個人差などが影響することも考えられますが、メンタルヘルスにかかわる理解や支援にあたっての目安として活用できるように思われます。

また、職業、働くことにかかわるストレスには、特に、仕事の要求度がかかわることがあります。

仕事の要求度にかかわるストレスには、要求度が高いことが影響すると考えられています[15]。要求度が高い場合では、報酬が釣りあわないと思われたり、自分で仕事をコントロールできる度合いが低かったりすると、ストレスが生じうると考えられています。仕事の要求度が高くても、要求度の高さに見合った報酬が得られたり、仕事のコントロールがある程度可能であったりすると、ストレスが生じにくいと考えられているわけです。

音楽にかかわるキャリアに関しても、メンタルヘルスの不調につながりかねない、多様な課題が指摘されています。たとえば、大学等に入学し、キャリアに関して考えるようになって、自分以外にも多くの若者が同じような目標に邁進しているのを知って愕然としたり、将来への期待値をやむなく下げることになったりするといったことなどです[16]。

個人で地道に重ねる練習をときにつらく感じたり、自分の思うように熟達しない、周囲の期待に応えられないといった思いから焦ったりすることがあるかもしれません。すでに、音楽にかかわる仕事に就いている場合には、演奏などにかかわるプロフェッショナルとしての実力を試されることを苦しく思ったり、実績を重ねることや、人間関係などにかかわる悩みをもったりすることがあるかもしれません。メンタルヘルスについての理解は、音楽にかかわるキャリアにおいても大切なことであるといえます。

(2) メンタルヘルスにかかわる相談支援

メンタルヘルスにかかわる支援が必要な場合、大学などでは、キャリアコンサルタントや公認心理師などの職員による専門的な支援を受けられる場合があります。

心身の回復をとおして問題解決を支援する実践として、相談をとおした支援が挙げられます。メンタルヘルスを含めて、キャリアにかかわる相談支援の枠組みには、以下のようなものがあります。

(1) キャリア・コンサルティング

労働者の職業の選択、職業生活設計または職業能力の開発および向上に関する相談が実施されます[17]。大学などの教育機関の他、ハローワークや、若者自立支援機関、企業などにおいて支援されています。教育機関では、キャリアセンターなどにおいて、キャリアコンサルタントという国家資格をもつ職員が担当していることがあります。

(2) キャリア・カウンセリング

カウンセリングなどをとおして個人のキャリア形成が支援されます。特に、心理的な問題や悩みについての原因を追求したり、それを除去するための支援が行われます[18]。大学などでは、キャリアセンターの他、学生相談センターなどで実施されることがあります。

(3) キャリア・ガイダンス

学生などに対する進路指導、求職者に対する職業指導、就労者のキャリア形成のための教育などとして実施されます[19]。大学などでは、授業などをとおして、学内外で実施されています。

また、職場においては、休職に至った後の復職にかかわる支援が得られることがあります。

復職支援では、厚生労働省が2004年に事業者のためのマニュアルとして策定した「心の健康問題により休業した労働者の職場復帰支援のための手引き」

（復職支援手引き）に基づいた支援などが実施されます[20]。この手引きでは、支援にあたって、特に、以下の事柄が要請されています。

　（1）制度の構築、システムの整備を行い、適切に適用する。

　（2）職場復帰支援を長い期間にわたる活動とする。

　（3）職場で行うべき判断対応を怠らない。

　（4）主治医等との連携を強化する。

　（5）個人情報の管理を適切に行う。

　以上のように、「心の健康問題により休業した労働者の職場復帰支援のための手引き」には、主に、事業者を対象とした内容が挙げられています。この手引きがどのように活用されるかは事業所ごとに異なるものと思われますが、このような手引きが事業者を対象に策定されていることを知っておくとよいでしょう。

　この手引きには、職場復帰にかかわる労働者が、管理監督者、あるいは、事業所内産業保健スタッフなどをとおして、事業所内でも相談支援を得られることが記されています。具体的には、労働者の焦りや不安に対して耳を傾け、健康の回復を優先するよう努め、何らかの問題が生じた場合には早めに相談するよう労働者に伝えることなどが挙げられています。

　また、この手引きに基づいた支援の過程には、労働者の意思が確認される手続きが含まれていることにも留意しておきましょう。休業中の労働者は、事業者に対して職場復帰にかかわる意思を表明することができます。職場復帰の意思が労働者から伝えられると、事業者は、職場復帰が可能という判断が主治医により記された診断書の提出を労働者に求めることになることがこの手引きに示されています。

(3)　自身でケアするメンタルヘルス実践

　メンタルヘルスに関しては、専門職や担当者などによる支援を得ることはもとより、自身が主体的に参加する取り組みが重要です。支援においては、必要

に応じて専門職等の支援を得ながら、自身でできることがあります。

　本項では、自身による取り組みを中心としたメンタルヘルスにかかわる実践についてみていきたいと思います。

　第一に、ストレスによる不調を含めて、メンタルヘルスを整えるために実践できることとして、リラックスすることが挙げられます[21]。リラックスするとは、具体的には、身体の緊張を緩めることです。身体の緊張を緩めることにより、心の緊張も緩みやすくなるという考え方によるものです。リラックスをとおして緊張を緩めることは、ストレス反応と相容れない関係にあることから、ストレス状態から自身を解放することに効果があるものと考えられています。また、リラックスして心身の回復をもたらすことによる、問題の解決や予防にかかわる効果にも期待されています。

　リラックスするための方法には、規則正しい鼓動をイメージすることや、肩・首・手足・眉間の力を抜くことなどがあります。音楽にかかわるみなさんにとっては、深い呼吸をゆっくり繰り返したり、心が穏やかになる音楽や香りを楽しんだりする、といった方法が親しみやすいかもしれません。

　第二には、自身が対処できる度合いの高い職種や職場を選択するという実践が挙げられます[22]。ストレスには、自身に対する刺激や要求度の強さだけでなく、そのような刺激や要求度に自身がどのように対処できるかがかかわると考えられているからです。仕事において、たとえ報酬が高くても、自身で対処することが難しい場合にストレス反応が生じることがあるのは、このためです。

　自身がストレスに対処する方法には、以下の項目が挙げられています[23]。

　　情報収集：すでに経験した人から話を聞いて参考にする。

　　計画立案：原因を検討し、どのようにしていくべきかを考える。

　　カタルシス：誰かに話を聞いてもらい、気を静めようとする。

　　肯定的解釈：悪いことばかりではないと楽観的に考える。

　　責任転嫁：自分は悪くないと言い逃れする。

　　放棄・諦め：自分では手に負えないと考え、放棄する。

　　気晴らし：おしゃべり、買い物などで時間をつぶす。

回避的思考：嫌なことを頭に浮かべないようにする。

　そして、第三には、メンタルヘルス・プロモーションに代表されるような、予防に重点化した支援が挙げられます。メンタルヘルス・プロモーションとは、メンタルヘルスを今よりさらによい状態に促進するための活動で、メンタルヘルスにかかわる問題を予防するために推奨されています[24]。代表的な活動には、「こころのABC活動」が挙げられます[25]。

　「こころのABC活動」は、心の健康を守る予防的な行動として、早稲田大学応用健康科学研究室（代表：竹中晃二）を中心に考案され、実践されてきました。活動をとおして、ストレスから自分を守り、回復する力を育てることが目指されています。

　「こころのABC活動」では、自身のポジティブな活動に目を向けることをとおして、明るい気持ちでいる時間を長く過ごすことが勧められています。今日までに、他者とのかかわりに基づいて行動することを重視した活動などとして評価されており、日本ストレスマネジメント学会などによっても推奨されています。

　「こころのABC活動」では、以下のA〜Cの過程において、嫌なこと、ストレスの原因であることを繰り返し思い出す行為を遠ざけることにより、肯定感に満ちた心の状態を保つことが支援されています。

　　Act（活動）：日頃から身体的、精神的に楽しい活動をする
　　Belong（所属）：何かに所属し帰属意識をもったり、他者から支援を得たりする
　　Challenge（挑戦）：人の役に立つあるいは挑戦的な活動をして自信をもつ
　メンタルヘルスを損なうと、心身の健康はもとより、キャリアにかかわる生活全般に望ましくない影響が及ぶことがあります。自身によるケアにおいても、まず予防から始めることを大切にしたいものです。

worksheet 8

　本章で学習してきたように、メンタルヘルスを健やかに保つためには、予防にかかわる支援に心掛けたいところです。

　音楽療法などの支援にみるように、音楽にもメンタルヘルスにかかわる効果をもたらすことに期待されています。以下の問いに取り組むことをとおして、メンタルヘルスや支援にかかわる理解を深めてみましょう。

（1）メンタルヘルスに不調が生じた際に、音楽を役立てたことがありますか。どのように役立て、どのような効果があったように思われますか。

（2）メンタルヘルスを促進するために、音楽活動をどのように活用したいと考えますか。考えた成果を他の参加者と共有してみましょう。

（解答用紙は巻末 19 ページ）

註

1）厚生労働省「平成 30 年　労働安全衛生調査（実態調査）結果の概況」2019 年
　　https://www.mhlw.go.jp/toukei/list/h30-46-50b.html (accessed 24 August 2020)
2）厚生労働省「安全衛生基本調査」2010 年
　　https://www.mhlw.go.jp/toukei/list/49-22.html (accessed 08 June 2020)
3）厚生労働省労働基準局長通達「心理的負荷による精神障害等に係る業務上外の判断指針について」（基発第 0406001 号）1999 年（改正 2009 年）
4）厚生労働省「職場における自殺の予防と対応」
　　https://www.mhlw.go.jp/new-info/kobetu/roudou/gyousei/anzen/101004-4.html (accessed 08 June 2020)
5）厚生労働省「労働者の心の健康の保持増進のための指針　公示第 3 号」2006 年（改正公示第 6 号、2015 年）
6）厚生労働省「安全・衛生」
　　https://www.mhlw.go.jp/stf/seisakunitsuite/bunya/koyou_roudou/roudoukijun/anzen/index.html (accessed 08 June 2020)
7）厚生労働省「『過労死等の労災補償状況』を公表」2015 年
　　https://www.mhlw.go.jp/stf/houdou/0000089447.html (accessed 08 June 2020)

8）厚生労働省「過労死等防止対策」

https://www.mhlw.go.jp/stf/seisakunitsuite/bunya/0000053725.html (accessed 08 June 2020)

9）日経ビジネス編集部「日本社会に根深く残る『過労』問題とは」2020年3月31日。

https://business.nikkei.com/atcl/gen/19/00081/031300055/ (accessed 24 August 2020)

10）厚生労働省「過労死等の防止のための対策に関する大綱——過労死をゼロにし、健康で充実して働き続けることのできる社会へ」2015年（改定2018年）

11）協会けんぽ「メンタルヘルスケア」

https://kenkousupport.kyoukaikenpo.or.jp/support/02/20130510.html (accessed 11 June 2020)

12）厚生労働省「みんなのメンタルヘルス」

https://www.mhlw.go.jp/kokoro/ (accessed 24 August 2020)

13）文部科学省「心のケア　各論」

https://www.mext.go.jp/a_menu/shotou/clarinet/002/003/010.htm (accessed 24 August 2020)

14）Holmes, T. H. and Rahe, R. H. The Social readjustment rating scale. *Journal of Psychosomatic Research*, 11(2), 1967, pp.213-218.

15）文部科学省、前掲 Web Page。

16）ロジー・パーキンス「音大生のキャリア再考——将来も自分らしくあり続けること」ドーン・ベネット編著、久保田慶一翻訳『音大生のキャリア戦略——音楽の世界でこれからを生き抜いてゆく君へ』春秋社、2018年、13頁。

17）厚生労働省「雇用・労働　キャリア形成」

https://www.mhlw.go.jp/stf/seisakunitsuite/bunya/koyou_roudou/jinzaikaihatsu/index.html (accessed 25 August 2020)

18）厚生労働省「e-ヘルスネット　カウンセリング」

https://www.e-healthnet.mhlw.go.jp/information/dictionary/heart/yk-088.html (accessed 25 August 2020)

19）日本学校教育相談学会「吉田隆江　キャリアガイダンス」

https://jascg.info/wp-content/uploads/2015/03/e224a08fa976a64a1a132ed338a05e35.pdf (accessed 25 August 2020)

20）厚生労働省「心の健康問題により休業した労働者の職場復帰支援のための手引き————メンタルヘルス対策における職場復帰支援」2004年（改定2019年）

21）厚生労働省「メンタルヘルスはここから始まる」

https://www.mhlw.go.jp/kokoro/info/start.html (accessed 25 August 2020)

22）厚生労働省「ストレスコーピング」

https://www.e-healthnet.mhlw.go.jp/information/dictionary/exercise/ys-068.html (accessed 10 June 2020)

23）神村栄一・海老原由香・佐藤健二「対処方略の3次元モデルの検討と新しい尺度（TAC-24）の作成」『教育相談研究』33、1995年、41−47頁に基づいて一部を改変した。

24）早稲田大学大学院人間科学研究科　竹中研究室 WEB サイト「メンタルヘルス・プロ

モーション」http://takenaka-waseda.jp/from_takenaka/1697 (accessed 24 August 2020)

25）早稲田大学応用健康科学研究室（代表：竹中晃二）「こころの ABC 活動」
https://www.waseda.jp/inst/weekly/assets/uploads/2016/10/a104da31379e670cec9a9fa9d478f6dc.pdf (accessed 10 June 2020)

メンタルヘルスに
かかわる実践

　第8章では、メンタルヘルスにかかわる考え方や相談支援に関して学習を進めました。また、専門職や担当者などによる支援だけでなく、自分で実践できる支援についても学びました。メンタルヘルスを促進する上で、自分のストレスに気づき、これに対処するための知識や方法を身につけて実施するセルフケアも、有効とされています[1]。

　演習Ⅱでは、セルフケアにおいても重要な、コミュニケーション技術についての理解を深めます。

Lesson 1　コミュニケーション技術の習得

　メンタルヘルスにかかわるセルフケアに関しては、簡単なコミュニケーション技術の習得が勧められています[2]。簡単なコミュニケーション技術においても重視されるのは、まずもって、コミュニケーションにかかわる基本的な態度です。

　支援にかかわるコミュニケーションに関して、表Ⅱ−1に挙げる基本的な態度が求められています。これらの基本的な態度は、支援にかかわる専門職に求められるものですが、セルフケアや、仲間同士で支えあうピア・サポートにおいても重視されています。

表Ⅱ−1　コミュニケーション技術にかかわる基本的な態度
（平木・袰岩，1997 に基づいて一部改変）[3]

自己一致	ありのままの自分でいる。
受　容	相手を無条件に受け容れる。
共感的理解	相手と同じように、みたり、感じたり、考えたりするように努める。

　以上の基本的な態度とあわせてコミュニケーションに求められるのが、「伝

え返し」のような基本的な技法です。コミュニケーションにかかわる基本的な技法には、表Ⅱ-2の項目が挙げられています。

表Ⅱ-2　コミュニケーション技術にかかわる基本的な技法
(平木・袰岩，1997に基づいて一部改変)[4]

簡単受容	うなづき、あいづち
伝え返し	ポイントを押さえて正確かつ簡潔に伝え返す。
感情の伝え返し（反映）	感情にかかわる表現に関して伝え返す。
要　約	話の要旨をまとめて伝え返す。
質　問 （Yes・Noの閉ざされた質問・開かれた質問）	共感的に理解するため、または、気になっていることがあるため、質問する。 自己理解の深化を促すもので、ある程度信頼関係が形成されたうえで実施することになる。
沈　黙	意味：不安・ためらい・迷い、考えている、待つ、反発・抵抗、安堵感など。 対応：待つ、受容、安心して話してよいことを伝える、詫びるなど。

また、コミュニケーションにかかわる技術には、表Ⅱ-3のような応用的な技法が含まれます。

表Ⅱ-3　コミュニケーション技術にかかわる応用的な技法
(平木・袰岩，1997に基づいて一部改変)[5]

総　括	まとめて表現することをとおして、内容の理解を確認し、共有する。
情報提供	支援を進めることにかかわる情報を提供する。
指　示	行動の選択肢を提供し、課題の理解、行動の確実な実施を期待する。
助言・教示	具体的な行動レベルの対処について提案・助言する。
自己開示	個人的な経験などを話し、共有する。
フィードバック	自分の行動、他者への影響について情報提供し、自覚と変化を促す。
リフレーミング	新しい意味、理由、説明を示し、新しい視点を提供する。
直面化	矛盾点に気づくように支援する。

以上のような応用的な技法を活用する場合においても、基本的な態度に基づくことが大切であると考えられています。また、必要に応じて、基本的な技法に立ち返ることが求められています。

Lesson 2 集団で活用されるコミュニケーション技術

さらに、コミュニケーションにかかわる基本的な態度や技法は、集団において活用されることもあります。ピア・サポートの場面や、授業などで参加者と実践する場合などに、参考にするとよいかもしれません。

集団でのコミュニケーションにおいては、特に、表Ⅱ−4のような特性や効果がみられると考えられます。

表Ⅱ−4 集団におけるコミュニケーション技術の活用にかかわる特性および効果
(日本産業カウンセラー協会，2018)[6]

特　性	効　果
相互作用し合うことができる	多くのメンバーが参加できる
決定された目標を共通の目標として共有する	必要な情報を得ることができる
行動を規定する基準がある	他の人の考えをきくことができる
個人的特徴を行使し合う	自分の考えを深めることができる
各人のニーズを満たすように行動する	解決する意欲が育つ 楽しさ、喜びを味わう 自分をより理解できる 自尊感情を高めることができる

以上のようなコミュニケーション技術を活用し、自身や仲間との関係においてもメンタルヘルスの回復や促進を助けることによって、問題解決や予防が進むことが期待できます。

第8章では、音楽にかかわるキャリアにおいても、大学などに入学し自分と

同様に目標に邁進する若者に出会って、将来への期待値を下げなくてはならなくなったなどの課題が指摘されていることにふれました[7]。このような課題解決の過程に自身が主体的に参加するためにも、基本的態度、基本的な技法の習得が求められるところです。

♪ *exercise 2*

　自分自身でもメンタルヘルスの促進にかかわることができるように、本章で学習してきた基本的な態度、基本的な技法等を、自他との関係において実践してみましょう。

　2人1組になって聴き手と話し手を決め、時間を設定して、音楽キャリアにかかわる相談や、相手に話を聴いてほしいこと等について、相互に聴き合ってみましょう。また、3人1組で聴き手と話し手双方のコミュニケーションの観察者を加えてもよいでしょう。

　（1）上記の実践を経て、聞き手としてどのようなことを心掛けたか、それをどこまで実施できたか、その結果どうであったかなどを書き留めてみましょう。

　（2）話を聴いてもらって、どのような時にどのような気持ちになり、あるいは、どのようなことを考えたのかなどについて、話し手に尋ねてみましょう。

　（3）観察者がいる場合、聴き手のよかった点や改善するとよい点などにかかわる気づきを確認してみましょう。

（解答用紙は巻末 21 ページ）

註

1）厚生労働省「労働者の心の健康の保持増進のための指針　公示第3号」2006年（改正指針　公示第6号 2015年）
2）厚生労働省「職場における自殺の予防と対応」
　https://www.mhlw.go.jp/new-info/kobetu/roudou/gyousei/anzen/101004-4.html（accessed

08 June 2020)

3）平木典子・袰岩秀章編著『カウンセリングの基礎――臨床の心理学を学ぶ』北樹出版、1997 年に基づいて一部を改変した。

4）同上書に基づいて筆者により一部を改変した。

5）同上書に基づいて筆者により一部を改変した。

6）一般社団法人日本産業カウンセラー協会『キャリアコンサルタント――その理論と実務』一般社団法人日本産業カウンセラー協会、2018 年、371 頁に基づいて一部を改変した。

7）ロジー・パーキンス「音大生のキャリア再考――将来も自分らしくあり続けること」ドーン・ベネット編著、久保田慶一翻訳『音大生のキャリア戦略――音楽の世界でこれからを生き抜いてゆく君へ』春秋社、2018 年、13 頁。

あとがき

　本書の執筆を終えつつある今もなお、新型コロナウイルス感染症の影響は、音楽にかかわるキャリアにも及んでいるように思われます。ウイルスという目にみえない力が、職業、働くことをとおして築かれ育てられる音楽活動と人や社会とのつながりや可能性を試しているかのようです。

　音楽にかかわるキャリアは、生活の糧を得るなどの手段であるだけでなく、それ自体が生涯の発達にかかわる目的であるようにも思われます。音楽キャリアにかかわる探究の過程では、音楽活動と自分らしさとの関係を改めて問い直すなど新たな課題を発見したり、課題に関して考えたりされた人が少なくないのではないでしょうか。音楽にかかわるキャリアは、その探究の過程においても、私たちの発達を支援してくれているのかもしれません。

　本書をとおした音楽キャリアを中心とする発達支援にかかわる探究はもうすぐ GOAL を迎えるようです。そして、このとりあえずの GOAL は、私たちにとっての新しい START でもあるように思われます。音楽キャリアにかかわる発達が生涯にわたるように、その探究にもまた、生涯にわたる道のりが待っていることでしょう。この道行きは、私たち一人ひとりの課題であり、また、この社会を生きる私たちが共有する課題でもありそうです。

　私たちがこのような豊かな時間を過ごしてくることができたのは、本書がこの世界に生み出されてくるのを助けて下さいました北樹出版編集部の椎名寛子さまのお力添えのおかげです。この場をお借りしまして厚くお礼申し上げます。

　また、出版に際しまして、国立音楽大学個人研究費（特別支給）の助成をいただきましたことにも心より感謝申し上げます。

　音楽キャリアにかかわる発達支援をみなさまと発展させられますことを、また、音楽キャリアを中心とする発達支援の探究にかかわるさらなる発展に本書が役立てられますことを心から願っています。

著　者

索　引

著者紹介

山本　智子　YAMAMOTO Tomoko

　大阪府出身。国立音楽大学音楽学部音楽文化教育学科准教授。博士（子ども学）。キャリアコンサルタント、両立支援コーディネーター。専門は、教育学、キャリア教育学、特別支援教育学、発達心理学、小児保健学、他。研究、教育および講演などをとおして、東京都千代田区、新宿区、立川市などを中心に、若者から退職者まで生涯発達にかかわる事業・就業にわたる、音楽活動を含むキャリア支援に取り組んできた。

著　書　『子どもの保健』（北樹出版）、『キャリア発達』『青年期・老年期の発達と心理』『子どもの理解と援助』（開成出版）、『子どもが医療に参加する権利』（講談社）（以上、単著）他。『よくわかる障害児保育』『乳児保育の基礎と実践』（大学図書出版）（以上、共編著）他。『教師と学生が知っておくべき特別支援教育』（北樹出版）、『生命・人間・教育』（埼玉学園大学研究叢書第 14 巻、明石書店）、『はじめて学ぶ知的障害児の理解と指導』（大学図書出版）（以上、共著）他。

音楽キャリア発達支援
　　——力に気付き自分らしくあるために

2021 年 2 月 15 日　初版第 1 刷発行

著　者　山本　智子
発行者　木村　慎也

定価はカバーに表示　　印刷・製本　日本ハイコム株式会社

発行所　株式会社　北樹出版

〒 153-0061　東京都目黒区中目黒 1-2-6
URL：http://www.hokuju.jp
電話(03)3715-1525(代表)　FAX(03)5720-1488

worksheet 解答用紙
pp.3－22

♪ worksheet 1　解答用紙

♪ worksheet 2　解答用紙

♪ worksheet 3　解答用紙

♪ exercise 1　解答用紙

♪ worksheet 4　解答用紙

♪ worksheet 5　解答用紙

♪ worksheet 6　解答用紙

♪ worksheet 7　解答用紙

♪ worksheet 8　解答用紙

♪ exercise 2　解答用紙

学習課題 解答用紙
pp.25 − 32

学習課題 1　自己理解にかかわる「キャリア・アンカー」とは何か、説明して下さい。

学習課題 2 職業理解にかかわる、職業に関連した自己の個人的特性に関して説明して下さい。

学習課題3 音楽にかかわるキャリアに関して、大学等を卒業する前に形成されていることが期待される力について説明して下さい。

学習課題 4 「転機」との関係における 4 つの問いを活用した意思決定にかかわる支援について説明して下さい。

学習課題 5 キャリアプランの実行とそのマネジメントにおいて、求められることを説明して下さい。

学習課題6 メンタルヘルスにかかわる予防において重視されている「こころの ABC 活動」に関して、自身の経験・考えや身近な例を加えながら、説明して下さい。

学習課題 7 メンタルヘルスにかかわるセルフケアにおいても活用されることがある、コミュニケーション技術に関する基本的な態度と、基本的な技法に関して説明して下さい。